Papa Blödmann

W0054670

Mosaik bei
**GOLDMANN**

Titus Arnu

# Papa Blödmann

Ein Vater packt aus

MARTIN GUHL

Mosaik bei
**GOLDMANN**

**FSC**

**Mixed Sources**

Product group from well-managed
forests and other controlled sources

Cert no. SA-COC-001819
www.fsc.org
© 1996 Forest Stewardship Council

Das für dieses Buch verwendete FSC-zertifizierte Papier
*EOS* liefert Salzer, St. Pölten.

1. Auflage
© 2009 Wilhelm Goldmann Verlag, München,
in der Verlagsgruppe Random House GmbH
Umschlaggestaltung: Eisele Grafik-Design
Umschlagillustration: Martin Guhl
Illustrationen: Martin Guhl
Satz: dtp im Verlag, CF
Druck und Bindung: CPI Moravia, Pohorelice
Printed in the Czech Republic

ISBN 978-3-442-39168-4

**www.mosaik-goldmann.de**

# Inhalt

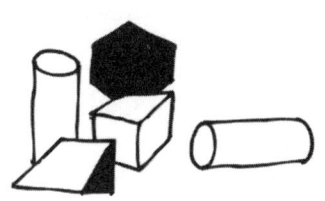

# Das Schnurpsel-Syndrom

Selbst vernünftige Menschen verfallen in die
Mausi-Hasi-Butzi-Sprache, wenn sie es mit Babys oder
Kleinkindern zu tun haben. Muss das sein?

Huhuuuu! Haaaalloooo! Hallöchen, liebes Leserlein! Hassu Lust auf ein süßes kleines Textchen? Ja? Au ja? Fein. Feinchen. Feinileinchen. Mussu aber schön richtig machen. Also, machsu Äuglein brav auf und schaussu diese winzigen, niedlichen Butzi-Butzi-Buchstäbchen an. Einen nach dem anderen, gell? So ist's gut. Schön lieb sein! Und weiterlesen!

Mal ehrlich: Wollen Sie so angeredet werden? Wollen Sie nicht. Sie sind ja kein Trottel, dem man alles ganz, ganz langsam erklären muss. Sie wollen nicht von oben herab behandelt werden, nicht mal von der Seite – wie ein Fernsehzuschauer von den Teletubbies, diesen halbdebilen bunten Wichten, die ihre Zeit mit Staubsauger-Jagen, Hüpfen, Grinsen, Oh-Oh-Sagen und Winke-Winke-Machen verbringen.

9

 Genau so verhalten sich aber ansonsten ganz vernünftige Erwachsene, sobald sie ein kleines Kind erblicken. Eltern sprechen zu ihren Krabblern mit dieser Sirenenstimme, immer rauf und runter, rauf und runter. Dazu gehören außerdem große Kulleraugen und eine enorm ausgestülpte Schnute.

Als wäre das nicht schon demütigend genug, geben die Großen den Kleinen auch noch die furchtbarsten Kosenamen. Schnurpsel, Bobbele, Schnecke. Einjährige können sich ja noch nicht wehren.

Viele Schnurpsel heißen allerdings noch mit sieben so, manch ein Bobbele kann sich erst mit 17 von seinem elterlichen Spitznamen befreien.

Das Butzi-Butzi-Problem ist weltweit verbreitet, und es scheint kein Mittel dagegen zu geben. Nicht mal langjähriges Lesen des FAZ-Wirtschaftsteils oder andere Versuche, das Sprachzentrum trockenzulegen, helfen gegen den Instinkt, beim Anblick eines Babys in süßes Gesäusel zu verfallen. Und das scheint auch gut so zu sein, wie Psychologen behaupten. Denn die übertriebene Sprachmelodie macht es angeblich leichter, einzelne Wörter zu verstehen und ihre emotionale Bedeutung zu lernen. Forscher nennen das Phänomen »Ammensprache«.

Die Ammensprache ist gut für den Anfang, aber spätestens beim Eintritt in die gymnasiale Oberstufe haben die lieben Kleinen ein Recht darauf, von der Mutter nicht mehr mit »Machsu schön fein deine Hausis, Schatzilein« angesprochen zu werden. Das Grundrecht, ernst genommen zu werden, existiert auch für Minderjährige.

Wenn Eltern so vernarrt in die Produkte ihrer Liebe sind, dass sie auch das Wohnzimmersofa, den Hund und sich selbst nur noch in Ammensprache anreden, ist also Vorsicht geboten. Professionelle Hilfe sollte dann hinzugezogen werden, wenn Kinder im Schulalter noch immer »Will trinken!« sagen, sobald sie Durst haben. Schuld daran sind meistens die Eltern.

Vielleicht hilft ein Perspektivwechsel. Stellen Sie sich einfach vor, Sie seien ganz klein. Sie sind weder in der Lage, laut Nein zu sagen, noch abzuhauen, weil Sie weder sprechen noch laufen können. So weit klar? Okay.

Jetzt beugt sich ein grinsender Riese über ihr Bett und brüllt Sie mit heller Stimme an: »Haaaaalloooooo! Jaaa weeeeeen hamm wir den daaaa-aaaah?« Also bitte, reißen Sie sich doch etwas zusammen. Mussi jetz Schlussi-Schlussi machen! Tschüssi! Tschüssilein! Winke-Winke!

# Die Monster-AG

Es gibt Phasen im Leben eines Vaters, da fragt er sich:
Bin ich eigentlich ein Ungeheuer?

Manchmal fühle ich mich wie Frankensteins Monster. Ich laufe zwar nicht mit Elektroden im Schädel herum, aber trotzdem reagieren bestimmte Menschen panikartig auf meine bloße Anwesenheit. Sie laufen weinend weg, schreien »Mama!, Mama!« und verstecken sich in ihren Zimmern. Das Problem ist: Diese Menschen sind meine Kinder.

Okay, nicht jeder muss mir Stofftiere zuwerfen oder mich um Autogramme anbetteln, das wird ja auch irgendwann lästig. Aber wieso bin ich manchmal dermaßen unbeliebt?

Als meine Tochter zwei Jahre alt war, muss ich für sie eine Kombination aus Rübezahl, böser Wolf, Kater Karlo und Saddam Hussein gewesen sein. Im besten Fall ignorierte sie mich. Im schlimmsten Fall rannte sie kreischend davon, wenn ich ihr die Zahnpasta auf die Bürste drücken wollte. Mein Sohn blieb sogar mal drei Stunden auf der Toilette sitzen, weil er sich weigerte, sich von mir helfen zu lassen: »Nein, Mamaaaaaa!«

Anderen Vätern geht es offenbar nicht besser. Ein befreundetes Monster erzählte mir, es dürfe das Zimmer seiner Tochter nicht mehr betreten. Und ein anderes Ungeheuer berichtet, sein Sohn verstecke sich jedes Mal hinterm Sofa, wenn es vom Büro nach Hause komme. Dabei kann ich bezeugen, dass die Kollegen der Monster-AG ihre Kinder weder schlagen noch anbrüllen.

Ehrlich, liebe Kinder: Wir Papas sind keine bösen Menschen. Unser Fehler ist doch nur, dass wir nicht so hübsch, rundlich und langhaarig sind wie Mamas. Wenigstens die meisten von uns. Frauen sind weich und haben diesen Baby-Singsang in der Stimme. Männer dagegen kratzen und brummen. Ab Mitte 30 nehmen viele von ihnen regelrecht monsterartige Züge an. Teile des Körpers, die früher mal straff waren, hängen auf einmal schlaff herum. Während der Haarwuchs auf dem Kopf nachlässt, befällt er Körperregionen, die haarlos eigentlich schöner wären, die Schultern zum Beispiel. Aus Nasenlöchern und Ohren beginnen dicke schwarze Borsten zu sprießen. Aus Sicht eines winzigen Lebewesens muss so ein Fleisch- und Haarberg wirklich etwas Schreckliches sein.

So weit können wir Männer die Vorlieben und Abneigungen der Kinder durchaus verstehen. Aber sind wir auch schlechtere Menschen? Vielleicht liegt es daran, dass viele männliche Wesen häufig abwesend sind, und der Nachwuchs daher länger braucht, sich an uns zu gewöhnen. Aber wir meinen es doch nicht böse, wenn wir arbeiten gehen, Windelpakete und Mineralwasserkästen besorgen oder aus anderen trivialen Gründen außer Haus sind.

Aus Sicht des Kleinkindes muss ein arbeitender Vater irgendwie als Fremder erscheinen. Auf der einen Seite ist da die schöne, gut riechende Frau, die einen mit Essen versorgt und immer zur Stelle ist, wenn man nur leise quäkt. Auf der anderen Seite der muffelige Typ, der sich ewig nicht blicken lässt. Und wenn er mal da ist, will er auch noch ein bisschen Aufmerksamkeit von der schönen Frau.

Vätern, die trotz dieses Dilemmas arbeiten gehen, bleibt nur wenig, um sich bei ihrem Nachwuchs einzuschmeicheln: immer gut rasieren, zum Beispiel. Das Tragen von Rock und Perücke könnte helfen, wenn es für ausgewachsene Monster nicht so extrem erniedrigend wäre.

Ein Trost bleibt: Meist verschwindet die Papa-Panik auf genauso rätselhafte Weise, wie sie gekommen ist. Bis dahin sind wir Monster bei Kindern wenigstens zweimal im Jahr beliebt: an Fasching und Halloween.

# Hui Buh lebt!

## Kleine Kinder haben Angst vor Gespenstern – zu Recht!

Geister gibt es nicht!« Das sagt sich so leicht. Besonders nachts um halb drei, wenn ein kleines zitterndes Kind neben dem Bett steht und Angst vor dem Einschlafen hat. Die Wahrheit ist das nicht. Denn wie jeder weiß, existieren Geister sehr wohl, es traut sich nur keiner, das offen auszusprechen.

Auch ganz normale Familien werden von paranormalen Phänomenen heimgesucht. Es geschieht täglich. Bei uns in Deutschland. Logische Erklärungen gibt es dafür nicht.

Wir wollen an dieser Stelle nur fünf harmlose Fälle schildern. Am Schluss finden Sie ein pseudowissenschaftliches Fazit, das dazu da ist, angezweifelt und belächelt zu werden.

### Fall 1: Die unheimlichen Flecken

Wie aus dem Nichts erscheinen auf unserem Küchenboden immer wieder Flecken. Wischt man sie weg, sind bald wieder neue da. Es handelt sich zwar nicht um geisterhafte Gesichter wie bei der andalusischen Hausfrau Maria Gomez Pereira, die schon seit 1971 gegen solche Erscheinungen ankämpft. Bei uns sind es Nutellaflecken, Brotstücke und Nudelreste. Aber auch sie erscheinen immer wieder, egal, was man macht.

**Fall 2: Das fliegende Geschirr**

Bei Séancen mühen sich übersinnlich begabte Menschen stundenlang ab, bis mal ein Teelöffel ein bisschen zittert. Meine Familie ist in dieser Hinsicht mit stärkeren Fähigkeiten ausgestattet. Wie von Geisterhand bewegen sich auf unserem Esstisch Gläser, Messer und Teller hin und her. Oft fliegen sie durch die Gegend und fallen zu Boden, ohne dass irgendjemand etwas dafür kann.

**Fall 3: Der gefräßige Küchengeist**

In unsere Küche wohnen viele Geister, der Himbeergeist zum Beispiel, die Klosterfrau Melissengeist oder der gute alte Weingeist. Aber um die geht es nicht. Schlimm ist nur der unbekannte Küchengeist. Er öffnet ohne Erlaubnis Lebkuchen-Packungen, verschlingt Schokoladetafeln und verzehrt sogar meine Lieblings-Reiscracker, obwohl diese im hintersten Winkel des Vorratsschranks versteckt sind.

### Fall 4: Der üble Sockenfraß

Noch ist nichts bekannt über die seelischen Folgen, die fehlende Socken bei ansonsten stabilen Menschen verursachen. Aber es verhält sich doch so: Nach jeder Wäsche fehlt die zweite Socke. Ich habe mittlerweile eine Theorie, die mich davor schützt, deshalb den Verstand zu verlieren: Wahrscheinlich existiert ein unsichtbares Monster, das sich von einzelnen Strümpfen ernährt.

### Fall 5: Die mysteriöse Schallschluckwolke

»Kinder, deckt mal den Tisch, bitte!« Keine Reaktion. »Wer hilft mir mal beim Wohnzimmeraufräumen?« Stille. »Hat schon jemand die Hasen gefüttert?« Nicht ein Pieps. Eine mysteriöse Schallschluckwolke taucht immer dann auf, wenn solche Sätze quer durch die Wohnung schallen.

Wissenschaftler stehen vor einem Rätsel, Eltern allein vor der Hausarbeit.

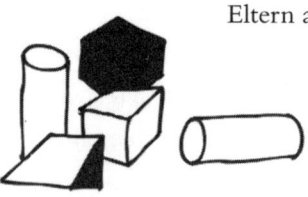

**Fazit:** Es liegt in der Natur des Menschen, Dinge, die er absolut nicht verstehen kann, als Unfug abzutun. Also sind aus meiner Sicht absolute Hirngespinste: die höhere Mathematik, das Steuerkonzept der Regierung, die Waschmaschine in unserem Keller. Was sagen Sie? Das sind doch ganz normale Sachen? Meinetwegen. Dann gibt es aber auch Geister und Gespenster.

# Die Seele der Kuscheltiere

Manchmal sieht es aus, als hätten Kinder ihren
Stoffhasen lieber als Mama und Papa.
Trotzdem unternehmen Eltern alles, damit die große
Kuscheltierliebe nicht enttäuscht wird

Nichts gegen Stofftiere. Wer kann schon dem Charme eines Tigers in Hamstergröße widerstehen? Seinem vergilbten Fell, der abgewetzten Nase und den Löchern am Bauch? Kuscheltiere leisten Seelenbeistand, sie trösten in schwierigen Situationen und hören auch dann zu, wenn Mama, Papa oder Ehepartner längst abgeschaltet haben. Hasi, Katzi oder Hundi haben nie die Schnauze voll, sie sind immer für einen da.

Im Umkehrschluss bedeutet das: Wenn das Kuscheltier einmal nicht da ist, kann das Leben sehr, sehr hart sein. Wir waren zum Beispiel mal zwei Wochen in Italien, und ein nicht vorhandenes Stofftier versaute unserem Sohn den ganzen Urlaub. Alle waren da: Mama, Papa, Schwester, Opa, Oma, Onkel – nur der kleine graue Stoffhase nicht.

Jeden Tag jammerte das vierjährige Kind nach seinem

vergessenen Viech. Es war echter Liebeskummer. Keine Pizza, kein Schwimmbad und kein Eis konnte die Sehnsucht lindern. Und die Eltern kamen ins Grübeln: Haben wir etwas falsch gemacht? Bekommt das Kind nicht genug Wärme? Fehlt ihm Zärtlichkeit? Haben wir es zu wenig beachtet? Was hat dieser Hase, was wir nicht haben?

Um unser Kind nicht noch mal in so eine bittere Lage zu bringen, nahmen wir in den nächsten Urlaub alle Stofftiere mit, die unsere Kinder besitzen. Alle – das sind circa 30 Nagetiere jeder Art und Größe, eine Horde Bären, eine Pinguinfamilie, eine Hand voll Katzen, dazu einige Mäuse, Vögel, Käfer und sonstiges Kleinvieh. Da die Koffer schon voll waren, packten wir die gesamte Tierwelt in einen blauen Müllsack.

Unsere erste Station war ein sehr elegantes neues Hotel am Gardasee, eine luxuriöse Villa mit Badezimmern, die so groß sind wie unser Wohnzimmer. Es war recht lustig, mit unserem verbeulten Familienkombi über die Kiesauffahrt zum schlossartigen Anwesen zu rollen, neben Jaguars, BMWs und Mercedes-Cabrios zu parken, und dann – das war meine Aufgabe – den Müllsack mit den Stofftieren ins Hotel zu schleppen.

Das Schöne an dem großartigen Hotel: Sie hatten nichts gegen Tiere auf dem Zimmer.

Warum nimmt man als Vater so was in Kauf? Wieso unternimmt ein guter Bekannter von mir eine Überlandfahrt in finsterer Nacht, um ein fehlendes Stofftier zu seinem traurigen Kind zu transportieren? Warum kann man ohne Stoffhasen nicht einschlafen?

Die Antwort: Weil die Kuscheltiere selbst eine Seele haben. Das beweist folgender Fall: Der Hase meines Sohnes blieb einmal allein in einer Wohnung in Venedig zurück. Der Junge trug es erstaunlicherweise mit Fassung. Ihm schien ganz klar zu sein, was sein Hase wollte – nämlich noch ein paar Tage allein durch die Stadt hoppeln.

Er gewährte ihm die Freiheit. Dann schrieben wir einen Brief an »Signore Coniglio«, zzt. wohnhaft in Venezia, und wenige Tage später reiste der Hase bei uns an, wohlbehalten in einem gepolsterten Paket. Seine braunen Augen schienen beim Auspacken zu leuchten. Er sah irgendwie zufrieden aus. Und unser Sohn war es auch.

# Wischen impossible

Wer kleine Kinder hat, kommt aus dem Putzen
gar nicht mehr raus. Möglicherweise hilft nur noch
Totalverweigerung

Heraklit sagte: Alles fließt. Ich würde sagen: Alles klebt. Der Küchenboden klebt. Die Wand neben dem Esstisch klebt. Der Kühlschrank klebt. Die Schuhsohlen kleben. Das Auto, das Geschirr, die Haustüre, der Backofen – alles klebt. Daraus folgern wir: 1. Das Leben ist ein Kleben. 2. Das Kleben hört nie auf, wenn man mit einer Frau und zwei kleinen Kindern zusammenklebt. 3. Eigentlich müsste man mal putzen. Aber nur eigentlich. Mehr dazu später. Um noch mal auf die alten Griechen zu kommen: Sisyphos zählt nicht zu meinen Idolen. Der arme Kerl musste in der Unterwelt einen Felsbrocken einen steilen Hang hinaufrollen. Kurz bevor er das Ende des Hanges erreichte, kullerte der Stein immer wieder ins Tal. Warum? Sisyphos hatte die Pläne der Götter verraten und wurde deshalb zum ewigen Steinrollen verknackt. Habe ich so eine Strafe verdient? Nein. Was habe ich getan? Nichts. Genau das sagt meine Frau auch immer: »Du

könntest ruhig mal einen Lappen in die Hand nehmen!«
Kann ich aber nicht. Geht nicht. Wischen impossible.
Unter den vielen Formen des wiederkehrenden Wahn-
sinns, der eine Familie erst zur Familie macht, kommt mir
das Saubermachen besonders wahnsinnig vor. Es ist nicht
nur anstrengend, langweilig, zeitaufwendig, schlecht für
den Rücken und schlecht für die Haut. Es ist leider auch
komplett absurd. Fängt man an der einen Ecke an zu wischen, läuft an der anderen Ecke jemand durch, und es
ist schon wieder dreckig. Es bringt überhaupt nichts, mit
dem Putzen anzufangen. Unsere Kinder sehen die Sache
ähnlich. Seit frühester Kindheit ahnen sie, dass Putzen so
unangenehm wie sinnlos ist. Meine Tochter beantwor-
tet Putz-Aufmunterungsversuche mit einem vernichten-
den »Wird doch sowieso wieder dreckig!« Unser Sohn
meint schlicht: »Nö, keine Lust.« Lust hat wahrscheinlich keiner zum Putzen, wenn man mal von Waschbären
und Zwangsneurotikern absieht. Übrigens sind Waschbären kein gutes Vorbild. Forscher haben herausgefun-
den, dass die possierlichen Tiere nur in Gefangenschaft zu
zwanghaftem Putzverhalten neigen. In der Freiheit sind
sie Saubären. Man könnte jetzt darüber nachdenken, ob
eine Familie eher ein Knast ist oder eine Party, aber darum geht's nicht. Es geht auch nicht um Sauberkeit und
Ordnung, es geht um eine Lebenseinstellung. »Verstand

und Bewusstsein spielen oft nur eine Nebenrolle beim Verrichten von Hausarbeit«, sagt Jean-Claude Kaufmann. Der französische Soziologe hat eine »Theorie der Haushaltstätigkeit« geschrieben, die in Frankreich zum Bestseller wurde. In dem 350 Seiten starken, sauber nach Bügeln, Falten, Waschen und Aufräumen gegliederten Werk versucht der Wisch-Wissenschaftler, das Putzverhalten des Menschen gesellschaftlich einzuordnen. Kaufmanns wichtigste Erkenntnis: Putzpläne und ähnliche Versuche, Unordnung durch Organisation zu besiegen, bringen ebenso wenig wie Dampfstrahler und Turbostaubsauger. Entscheidend sei eine positive Einstellung zum Chaos. Irgendwann muss man sich damit abfinden, dass weiße Sofas, glänzende Parkettböden und Esstische, unter denen es nicht klebt, in einer anderen Welt existieren. In einem sauberen, superschönen, blank polierten Paralleluniversum. Einer wundersamen Welt, in der keine Bananenstücke auf dem Teppich pappen, keine Schokopops an Pullovern hängen, keine Pizzareste an der Wand kleben. Leider ist es in dieser sauberen Welt auch still, traurig und langweilig. Denn es gibt dort keine Kinder.

# Ich sag's nicht noch mal!

Merkwürdig: Eltern nehmen immer wieder Sprüche in den Mund, die sie schon bei ihren Eltern gehasst haben

Wie heißt noch mal das Zauberwort? Simsalabim? Hokuspokus? Abrakadabra? Dreimalschwarzerkater! Also bitte! Ach ja, genau, das war's.

Die Frage, wie das Zauberwort heißt, habe ich als Kind schätzungsweise 133000-mal beantworten müssen. Nicht, weil ich meine Jugend in einem Zauberer-Internat verbracht oder mein Leben lang versucht hätte, einen Sesam zu öffnen. Nein, einfach weil ich ein Kind war. Kinder kriegen solche blöden Fragen gestellt, weil Erwachsene an die pädagogische Kraft dieser Mantras glauben. Je öfter man Kinder nach dem Zauberwort fragt, so die Meinung der Eltern, desto schneller lernen sie, »bitte« zu sagen.

Bei Kindern tritt allerdings schon bald eine gewisse Zauberwort-Abstumpfung ein.

Langfristig zauberwortgeplagte Kinder kennen dann aus Protest weder »bitte« noch »danke«. Wahrscheinlich reagieren sie auch sonst nicht mehr auf pädagogisch gemeinte Ansprachen. Sicher aber nehmen sie sich vor, als

Erwachsene nie solche beknackten Sprüche zu klopfen, nie, nie, nie.

Umso erstaunlicher, dass ich wie die meisten Eltern heute genau jene Sätze in meinen Sprachgebrauch übernommen habe, die mich als Kind extrem genervt haben. Es sind Spießer-Sprüche von zeitloser Schlichtheit: Mach bitte die Tür zu! Räum endlich deine Schuhe aus dem Weg! Wie oft soll ich das noch sagen! Setz dich bitte gerade hin! Ich sag's jetzt zum letz! ten! Mal! Und kurz darauf der Klassiker: Ich sag's jetzt zum all! ler! letz! ten! Mal!

Zum gefürchteten Kanon der ewigen Elternsprüche gehören auch verbale Rituale, bei denen es nicht mehr um Inhalte, sondern nur noch um die Form geht. Das kann teilweise dadaistische Züge annehmen: Wieso immer ich? Weil du dran bist. Warum? Darum. Aber wieso? Weil das so ist. Das Zauberwort? Bitte. Wie sagt man? Danke.

Als erstaunlich wirkungsvoll erweist sich dagegen immer wieder folgende floskelhafte Drohung: Ich zähl jetzt bis drei! Obwohl fast schon jedes Kleinkind den Zahlenraum von eins bis drei ungefähr überblicken

 kann und weiß, dass nach drei nicht der Weltuntergang, sondern einfach vier kommt, fühlen sich die meisten Kinder spätestens bei zweieinhalb dermaßen unter Zugzwang, dass sie sofort so unglaubliche Dinge tun wie Hände waschen oder Hasen füttern.

Als Krönung der Eltern-Parolen gilt allerdings: Ich sag's jetzt nicht noch einmal! Der Witz an diesem schönen Pädagogik-Psalm ist natürlich, dass man ihn immer und immer wiederholen muss. Wenn man ankündigt, etwas nicht noch mal zu sagen, ist man geradezu gezwungen, es dann doch noch mal zu sagen, und noch mal, und noch mal. Sonst funktioniert das Spiel nicht.

Dann gibt es noch die allerletzte Kategorie: Eltern-Aphorismen, die sich dadurch auszeichnen, dass sie unlogisch und diktatorisch sind. Dazu gehören folgende Sätze: Weil ich das sage! Weil ich dein Vater/deine Mutter bin!

In diese besonders perfide Sparte gehört auch der Spruch, den alle Teenager kennen: »Solange du deine Füße unter unseren Tisch streckst, wird gemacht, was ich sage.«

Ich habe diesen Killer-Satz mal an meiner Tochter ge-

testet. Ich wollte herausfinden, ob er seine tödlich belei-
digende und entmündigende Wirkung noch heute ent-
faltet. Sie reagierte gewitzt – und streckte frech grinsend
ihre Füße auf den gedeckten Tisch. Das ließ ich so gelten.
Warum? Ähm, eben darum. Danke für Ihre Aufmerksamkeit. Wie heißt noch mal das Zauberwort?

# Piep, piep, piep ...

... wir haben uns alle lieb. Wozu braucht unsere Familie
also noch Hund, Katze, Maus oder Wellensittich?

Bei uns zu Hause, man kann es nicht anders sagen,
wimmelt es nur so. Lauter lustige Lebewesen gehören
zu uns, ich kenne sie längst nicht mehr alle beim Namen.
Die Menschen, große wie kleine, sind mir noch halbwegs geläufig. Eine Katze mit dem Namen Mia kenne
ich auch gut, schließlich beißt sie mir jedes Mal ins Bein,
wenn ich ihren Hunger oder ihr Kraulbedürfnis missach-
te. Dann gibt es noch eine fette, gefräßige Besuchskatze,
einen Nachbarshund namens Blacky, Ex-Katzen namens
Moritz und Amora sowie eine Population von Hasen,
deren Namen mir immer wieder entfallen.

Die Kinder vergessen die Namen ihrer Lieblinge nie.
Dafür vergessen sie relativ häufig, die Viecher mit Futter zu versorgen – wobei ein deutlicher Zusammenhang
mit dem Wetter auffällt: Bei Regen oder Schnee ist die
Wahrscheinlichkeit höher, dass ich es bin, der mit Gummistiefeln und Taschenlampe im Garten herumstolpert,
um kleine Nager vor dem Hungertod zu retten.

Ich liebe Tiere. Aber muss man sie wirklich im Haus, am Haus und ums Haus herum haben? Kann man seine Tierliebe nicht auch beim Anschauen von schönen Dokumentationen im Fernsehen ausleben? Jeden Samstag muss ich mit meinen Kindern in einen Haustier- und Garten-Großmarkt fahren, um säckeweise Sägespäne, Körner, Heu und Stroh sowie stapelweise Katzenfutterdosen abzutransportieren.

Während ich mir Sinnfragen stelle, äußert meine Tochter Wünsche: »Papa, kriege ich eine Maus?« Mein Sohn hätte am liebsten einen Hund, einen möglichst großen. Auch meine Frau, die immer so viel zu tun hat und sich nach Entlastung sehnt, könnte sich vorstellen, unser Leben mit einem Hund zu belasten. »Die sind sooooo süß«, heißt es unisono als Begründung.

Natürlich sind Haustiere pädagogisch wertvolle Gesellen. Sie verströmen neben ihrem spezifischen Geruch auch Ruhe – wenn man mal von Papageien, kleinen Kläffern und Kanarienvögeln absieht. Sie wollen nicht ständig wissen, was man gerade denkt, und verlangen selten von ihren Haltern, dass diese nun endlich ihr Leben ändern.

Warum auch? Es läuft normalerweise prima, der Napf ist immer schön gefüllt, die Katze wird gekrault, und der Hase bekommt ab und zu eine Karotte. Im Gegenzug wird der Mensch mit der Illusion belohnt, das Tier liebe ihn um seiner selbst willen und nicht wegen des Futters.

Tiere sind aber nicht nur »sooo süß«, sie sind auch sooo dreckig, gefräßig, haarig und manchmal auch eklig. Oder findet es irgendjemand lecker, eine Dose Katzenfutter zu öffnen und zerschredderte Tierabfälle in kalter Glibbersauce in den Napf zu löffeln? Zu schweigen von den halb verzehrten Amseln, angeknabberten Mäusen und den vollgesogenen Zecken, die unsere Mia unablässig in die Wohnung schleppt. Meiner Meinung nach brauchen wir überhaupt keinen Familienzuwachs, vor allem keinen, der am ganzen Körper Haare hat.

Dank unseres kleinen Zoos ist sowieso immer Leben in der Bude. Selbst dann, wenn man mal ausnahmsweise schön auf dem Sofa sitzt, nachdem die Kinder im Bett, die Hasen gefüttert, die Katzen versorgt sind. Neulich wurde ich durch ein wildes Fiepen abrupt aus dem Dämmerzustand gerissen. Durch den Flur flitzte ein Viech, das in Todesangst vor Mia floh. Die Katze hatte ein junges Eichhörnchen erwischt und wollte mir stolz ihren Fang präsentieren. Ich rettete das Eichhörnchenkind und nahm es zärtlich auf den Arm. Und was macht das blöde Biest? Klettert erst in Panik auf meinen Kopf und beißt mir dann mit seinen messerscharfen Mini-Nagerzähnen in die Schulter.

Noch ein Tier? Nicht nötig. Ich kriege hier sowieso bald einen Vogel.

# Nicht vergessen!

**Das Leben ist eine einzige Zettelwirtschaft.**
**Ohne Notizen würde sich eine Familie total verzetteln**

Alles beginnt mit einem Zettel, auf den Gewicht, Größe und Name geschrieben werden. Und es endet mit einem Zettel, der einem am großen Zeh hängt, darauf stehen das Sterbedatum und der Name. Dazwischen das Leben: eine Abfolge von Zetteln, auf denen lebenswichtige Informationen und schöne Nebensachen notiert sind.

Ohne Zettel, das glaube ich wirklich, würde die Weltordnung zusammenbrechen – und unsere Familie ganz bestimmt. Keiner wüsste mehr, was der andere macht. Niemand hätte eine Ahnung davon, was er wann zu tun hat. Wir hätten nichts zu essen. Die Kinder würden ihre Kindergarten- und Schulsachen zu Hause liegen lassen. Pflanzen würden verdorren, Haustiere verhungern und verdursten. Wir würden Arzttermine verpassen und dann an Krankheiten sterben, die vermeidbar gewesen wären – wenn wir nur auf den Terminzettel geschaut hätten.

Das wichtigste Elektrogerät zur Erleichterung der

Kommunikation ist deshalb der Kühlschrank und nicht der Computer. Am Kühlschrank hängen die wichtigsten Nachrichten, er ist der Info-Marktplatz unserer Familie. Weil jeder am Tag mindestens dreimal hineinschaut, um nach Milchschnitten, Joghurt oder Bier zu suchen, kommt er an der Tür mit den Zetteln auf jeden Fall vorbei. »Hundefutter!« steht da, »25 Euro« und »Waschmaschinenentkalker«.

Wer unsere Wohnung betritt, muss erst eine Reihe von Zettelbotschaften lesen, bevor er ein Wort mit einem Menschen wechseln kann. »Bitte nicht vor 9 Uhr klingeln« steht unter dem Namensschild an der Haustür in verwaschenen Filzstiftbuchstaben. »Schlafe noch, bitte leise sein« steht an der Zimmertür meiner Frau. »Eindrid ferbodn« steht an der Tür meiner Tochter.

Wenn unser Hund schreiben könnte, würde er mir sicher einen Zettel hinterlassen: »Kauf mir einen dicken Knochen! Kauf mir zehn Kilo Trockenfutter! Und zwar zack, zack, sonst beiße ich dir in den Po!«

Ohne minutiöse Zettelplanung würde der Alltag nicht funktionieren. Einfach einkaufen, wozu man Lust hat – das geht, wenn man

Single ist, in der Stadt wohnt und notfalls im Restaurant essen kann. Es geht aber nicht, wenn man in einer Wohngemeinschaft auf dem Land mit Kindern, Au-pair-Mädchen, Hasen, Katzen und Hund lebt. Damit nichts schiefgehen kann, steht auf unseren meterlangen Einkaufszetteln sogar, wie viele Lagen das Klopapier haben soll (drei) oder welche Art von Äpfeln es sein dürfen (schöne, Bio).

Ich habe nichts gegen Zettel, im Gegenteil. Ohne Zettel wäre ich aufgeschmissen. Schließlich verdiene ich auch meinen Lebensunterhalt mit der Beschriftung von Zetteln, die dann in Zeitungen und Zeitschriften abgedruckt werden. Aber ich habe festgestellt, dass es darauf ankommt, ob man vorwiegend Zettel-Empfänger oder vorwiegend Zettel-Austeiler ist. Meistens ist es besser auszuteilen, das ist bei Politessen so, bei Chefs und auch bei Ehefrauen. Wer Zettel austeilt, steuert das Geschehen, er gibt die Regieanweisungen, die andere dann ausführen müssen.

Natürlich bekomme ich auch regelmäßig schöne Zettel. Einige davon hängen über meinem Schreibtisch: »Liba Papa, ich mag dich ser, weiltu imer mit mir spilst«, steht auf einem, »Gutschein für eine Massage« auf einem anderen (ich muss sofort auf einem Zettel notieren, dass ich das bald einlöse). Oft finde ich auch Zettel mit netten Botschaften auf meinem Nacht-tisch: »Hallo mein Schatz, ich liebe dich. PS: Kannst du bitte noch mal mit dem Hund rausgehen, ich schlafe schon.«

# Der Bibi-Bobo-Wahnsinn

Musikalischer Machtkampf in der Familie:
Hat Miles Davis eine Chance gegen die singenden
Schlümpfe?

Dicke Mama!«, kräht es aus dem Kinderzimmer. »Dicke Mama! Dicke Mama!«

Die Mama ist überhaupt nicht dick, weiß aber, was jetzt droht: das dicke Ende des Tages. Sie muss eine Kassette zurückspulen, auf den Startknopf drücken, das Zimmer fluchtartig verlassen und 30 Minuten lang Geduld haben. So lange dauert nämlich die erste Seite des Hörspiels, das mit den Worten »Dicke Mama« beginnt.

Diese 30 Minuten mit der »dicken Mama« rufen zwiespältige Gefühle hervor, auch beim dicken Papa. Ohne »dicke Mama« keine Entspannung beim Kind, aber mit »dicker Mama« keine Entspannung bei den Eltern.

Erwachsene, die sich Wohnung und Stereoanlage mit kleinen Hörspielfanatikern teilen, stecken in einem Dilemma. Einerseits ist es ja nett, wie sehr sich Kinder für ein und dieselbe Geschichte begeistern können, selbst nach dem tausendsten Zurückspulen. Wie sie bei den

Liedern mitsummen und Dialoge nachplappern. Anderseits: Wie lange hält ein durchschnittliches Nervenkostüm das aus, mit »Törööö!«, »Hex-hex!« und »Hurra, hurra, der Pumuckl ...«? Ohropax, absichtliches Weghören oder Kopfschutz helfen nichts, denn Kinder hören ihre Kassetten erstens sehr, sehr laut und zweitens sehr, sehr oft.

Hart trifft es Eltern, deren Tochter sich gerade in der Übergangsphase von Bibi Blocksberg zu DJ Bobo befindet, während der kleine Bruder noch auf Schlümpfe und Pumuckl abfährt. Dann klingt es ungefähr so: »Hex-hex! Törööö! Shake your ass! Sagt mal, wo kommt ihr denn her! What a feeling! Hex-hex! Sensationell! Aus Schlumpfhausen, bitte sehr! Yeah, Baby! Törööö!«

Im Rückblick wächst der Respekt vor meinen Eltern. Haben wir Mutter und Vater nicht auch systematisch gefoltert, als wir rücksichtslos »Hui Buh, das Schlossgespenst« und »Rotfuchs-Jux« abspielten, später Queen, Police und Pink Floyd? Von Udo Lindenberg ganz zu schweigen, der – objektiv betrachtet – viel schlimmer klingt als Schlümpfe, DJ Bobo und Benjamin Blümchen zusammen.

Bevor sich ein halbwegs erwachsener Musikgeschmack festigt, muss jeder diese akustische Karriere durchlaufen – erst dann fühlt man sich zu Hause im Jazz, in der Klassik, im Pop, später vielleicht – Gott bewahre – sogar in der Volksmusik. Im Idealfall ist die Geschmacksfindungsphase abgeschlossen, bevor die eigenen Kinder mit der gleichen Entwicklung wieder von vorn beginnen.

Dabei prallen die musikalischen Weltbilder zwangsläufig aufeinander. Aber leider verträgt sich ein lustig gequäkter Schlumpf-Rap nicht mit Erik Saties poetischen Klanggemälden, Pumuckls Gekreische nicht mit Cassandra Wilsons rauchiger Stimme und die penetrante »dicke Mama« nicht mit Norah Jones, die eher eine schlanke, zarte Mama ist.

Längst ist um unsere Wohnzimmer-Stereoanlage ein Machtkampf entbrannt. Darf am Sonntag Miles Davis »Töröö!« machen oder Benjamin Blümchen? Immer seltener kann sich die Jazztrompete durchsetzen. Aber auf lange Sicht wird meine Miles-Davis-Scheibe gewinnen. Denn: Kassetten gehen schneller kaputt als CDs.

# Picassos kleine Erben

### Die Ästhetik-Frage für Eltern:
### Wohin mit selbst gebastelten Kindergeschenken?

Mein Schreibtisch war früher mal übersichtlich. Nur ein schicker, kleiner, silberner Computer im DIN-A4-Format stand darauf, dazu ein Telefon und eine Adresskartei, das war's.

Heute stehen drei Stifthalter aus Klopapierrollen neben dem Computer, dazu eine getöpferte Blumenschale in Hühnerform und eine Eule aus Gips. An der Wand über meinem Schreibtisch hängen Bilder, auf denen Mäuse, Blumen und Bäume zu sehen sind. Alles Kunstwerke meiner Kinder.

Auch der Rest unserer Wohnung verwandelt sich nach und nach in eine Galerie für Wasserfarben-Kunstwerke, Tannenzapfen-Tiere, Streichholz-Männchen, Makramee-Eulen, Knet-Skulpturen, bemalte Steine und lackierte Blumentöpfe. Im Küchenregal stapeln sich Tassen mit spülmaschinenfester Blumenbemalung und Frühstücksteller mit bizarren, selbst entworfenen Mustern. Fast täglich kommt Neues dazu. Kreativität kennt keine Grenzen. Vor allem keine Geschmacksgrenzen.

Bin ich ein herzloser Ignorant? Nein. Jedes einzelne Geschenk freut mich, und sei es ein Nikolaus aus Kiefernzapfen und Pfeifenputzern, der eher aussieht wie ein Stachelschwein. Denn die Sachen, die meine Kinder mit der Beharrlichkeit von Eichhörnchen in die Wohnung schleppen, sind mit Liebe gemacht. Der gute Wille zählt, und das Ergebnis ist wertvoller als jeder echte Picasso. Zumindest moralisch.

Der ästhetische Wert lässt sich viel, viel schwerer beurteilen. Sicher ist es für einen Fünfjährigen eine be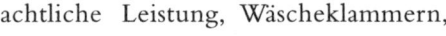achtliche Leistung, Wäscheklammern, Tannenzapfen und Pfeifenputzer so zusammenzukleben, dass man in dem Kunstobjekt einen kleinen Skifahrer erkennt. Aber möchte man so etwas die nächsten 15 Jahre auf dem Fensterbrett stehen haben?

Der Umgang mit selbst gebastelten Objekten ist hoch diffizil. Wo soll man hin mit dem ganzen Zeug? Was muss auf jeden Fall aufbewahrt, was darf nach einer gewissen Schonfrist heimlich beseitigt werden? Längst ist in unserer Küche kein Platz mehr für Wasserfarbenbilder, Gips-

Skulpturen und Holzmännchen. Wenn die Produktivität der Kinder nicht abreißt, werden wir unter Selbstgebasteltem ersticken.

Kinderlose Freunde, die uns nur noch ganz selten besuchen, vermuten wahrscheinlich längst, dass wir Messies sind, also Menschen, die ganz einfach nichts wegwerfen können.

Dabei haben wir bloß beschlossen, nach der Helmut-Kohl-Methode zu verfahren: Wir sitzen es aus. Wenn viel Gras über die Sachen gewachsen ist und gerade niemand hinschaut, kann man wieder einen Stapel Bilder entsorgen, um Platz zu schaffen für den Nachschub.

Das ist immer noch netter als die andere Möglichkeit: alles aufheben und den Kindern mitgeben, wenn sie in 15 Jahren ausziehen – als Erinnerung an die gute alte Zeit.

# Futtern mit dem Schaufelbagger

## Lecker, lecker: Wenn Kinder essen lernen, bleibt kein Auge trocken. Und kein Tisch

Wenn es einem Erwachsenen bei »Wetten, dass ...?« gelingt, mit einem Bagger Dart-Pfeile abzuschießen und eine Zielscheibe zu treffen, ist ihm der Zuspruch der Massen gewiss. Wenn es einem Dreijährigen beim Mittagessen gelingt, einen Löffel voll Nudeln mit Tomatensauce zu seinem Mund zu bugsieren und ihn dann auch noch zu treffen, gibt es meist keinen Applaus. Dabei ist die Leistung durchaus mit der Baggernummer vergleichbar.

Warum eigentlich ernähren viele Familien ihren Nachwuchs vorzugsweise mit Nudeln und Tomatensauce – wo doch die Folgen für Tischdecke, Boden, Wand, Kleider und Nerven der Eltern fatal sind? Nach dem Verzehr von anderen typischen Kinder-Lieblingsspeisen wie Schokopudding, Pizza oder Knuspermüsli mit Joghurt sieht die Sache, also der Esstisch, nicht besser aus.

Essen mit Kleinkindern bedeutet: Verzicht auf alle ästhetischen Grundregeln. Viel Geduld und Spucke. Bücken und aufheben. Noch mal bücken und noch mal aufheben. Bücken und wischen. Später dann Dampfstrahler, Küchenrenovierung, im Extremfall Auszug aus der Wohnung bei Nacht und Nebel. Aber muss es so weit kommen?

Viele Essprobleme lassen sich durch technische Tricks umgehen. Mein kleiner Bruder zum Beispiel pflegte seinen Teller stets auf den Boden zu werfen, wenn er satt war. Nach dem 531. Versuch, ihm das abzugewöhnen, zogen meine Eltern andere Saiten auf – und stellten konsequent auf Plastikgeschirr um, was wenigstens den Geschirrschwund minimierte.

Schwund ist übrigens das Schlüsselwort, wenn es um Essmanieren von Kindern geht. Zweijährige müssen ja nicht die Serviette auf dem Schoß falten und ihr Steak fachgerecht mit Messer und Gabel verzehren können. Aber man wünscht sich doch, dass wenigstens ein kleiner Teil der liebevoll zubereiteten Nahrung auf halbwegs humane Weise im Kind landet – und nicht am Kind, um das Kind herum, unter dem Kind und in besonders problematischen Fällen sogar über dem Kind. Primärziel der Erziehung am Esstisch ist es, den Schwund in Grenzen zu halten.

Viele Ermahnungen sind allerdings sinnlos, weil ein Kind von ein bis zwei Jahren seine feinmotorischen Fähigkeiten gerade erst entwickelt. Wenn der Löffel mit den Kartoffeln gelegentlich auf der Stirn landet, ist das also ganz normal. Passiert es mit zehn Jahren immer noch, läuft irgendwas schief.

»Tischmanieren werden dem Kind weniger anerzogen als vielmehr von Eltern und Geschwistern vorgelebt. Es ist das Vorbild, das erzieht, und nicht der Mahnfinger«, behauptet ein berühmter Schweizer Kinderarzt. Es bringt also nichts, wenn Eltern vor den Kindern ins Luxusrestaurant flüchten oder – das andere Extrem – ebenfalls mit Händen und Füßen essen und sich Sauce in die Haare schmieren.

Nötig ist ein Paradigmenwechsel: Wir Erwachsene essen weiter so, wie wir es für richtig halten. Wer sich nach Entspannung sehnt, sollte eine Patience legen oder MTV ohne Ton anschauen – aber sich bitte nichts vom gemeinsamen Essen erhoffen.

Mit anderen Worten: Besser wir ändern unsere Ideale als die Esstechniken. Sonst essen wir in Zukunft nach »Wetten, dass …?«-Manier – mit dem Bagger.

# Leine machen!

Sie können gerade mal laufen, aber glauben schon, sie kämen ohne uns klar. Über den Größenwahn kleiner Dreiradfahrer

Für Kinder zwischen zwei und vier Jahren scheint es das Höchste zu sein, etwas allein zu machen. Kaum haben diese kleinen Emporkömmlinge gelernt, aufrecht zu gehen, das Klo zu benutzen und mit dem Löffel einigermaßen den Mund zu treffen, denken sie, die mühsam erlernte Teilselbständigkeit ließe sich beliebig auf andere Lebensbereiche ausweiten.

Mittagessen kochen? »Leine machen!« Geburtstagstorte mit Sahne verzieren? »Leine machen!« Geschirrspüler anschalten? »Leine machen!« Einkaufen gehen? »Leine machen!« Leine!!! Wäre man ein Hund, würde einen das Lieblingswort der meisten Vierjährigen ja noch freuen, weil es einen an Gassigehen, Spaß, Freiheit und all so Sachen erinnert.

Es ist natürlich pädagogisch wertvoll, die Selbständigkeit und das Selbstbewusstsein zu fördern. Es muss zum Beispiel nicht sein, dass ein Vater seinem Dreijährigen ein Eins-A-Legohaus baut, weil er das als Architekt einfach besser kann. Förderlicher für die Entwicklung ist es, den Kleinen ein krummes, hässliches und baufälliges Häuschen zusammenstecken zu lassen und ihn anschießend zu loben, als hätte er gerade maßstabgetreu das Empire State Building nachgebaut.

Wie gesagt, Lob für solche kleinen Heldentaten ist sinnvoll. Irgendwann aber glauben die Kinder tatsächlich, sie könnten Wolkenkratzer bauen, zum Mond reisen und Rennwagen fahren. Besonders in Verbindung mit kindlichem Trotz ergibt das eine schwer zu ertragende Anspruchshaltung. Die Machtphantasien der Kleinkinder können zum Teil in handfesten Größenwahn übergehen.

Aus Sicht eines Dreieinhalbjährigen, der gerade gelernt hat, wie man Dreirad fährt, scheint die Formel 1 plötzlich zum Greifen nah. Der Gedankengang: Wenn ich geschafft habe, zwei Meter ohne umzufallen auf diesem Ding zurückzulegen, kann ich bestimmt auch bald Fahrrad fahren. Autorennen fahren. Flugzeug fliegen. Die Weltmacht erringen. Alles wäre möglich – wenn nur diese großen, ernsten Typen nicht immer alles verbieten würden!

Aber leider müssen die Eltern oft eingreifen. Und zum Beispiel verhindern, dass der Küchenquirl als elektrischer Außenborder in der Badewanne herumflitzt oder dass ein scharfes Küchenmesser als Schwert für Ritterspiele herhalten muss.

Dass sie später einmal mehr dürfen, ist für Drei- bis Vierjährige ein schwacher Trost. Sie ahnen nicht, dass der Zeitpunkt, ab dem man plötzlich vieles allein machen muss, früh genug kommt. So mit sechs, wenn die Schule anfängt.

Mein Neffe, der dieses Schuljahr in die erste Klasse kam, meinte nach einer Woche, das sei ja alles gut und schön, aber wann denn das Geld käme? Auf die erstaunte Nachfrage der Oma erläuterte der Sechsjährige: »Ich gehe doch jetzt jeden Tag morgens weg wie Mama und Papa, dann kriege ich doch auch Geld aufs Konto, oder?«

# Unterste Schublade

Irgendwann fangen Kinder an, Schränke und Regale
zu erforschen. Dabei treten Dinge zu Tage, die besser
verborgen geblieben wären

Entdecker reisen 20 000 Meilen unters Meer, in 80 Tagen um die Welt oder gleich auf den Mond, immer mit der Begründung, dass sie dort etwas Wichtiges zu tun haben. Wenn die Entdeckerehefrauen dann fragen, was es denn da so Wichtiges zu entdecken gebe, nuscheln die Entdecker irgendwas von »Dasistberuflich«, oder »Verstehstdusowiesonicht« – und schwupps, sind sie weg, die Entdecker. Oft für mehrere Monate oder Jahre.

Meiner Meinung nach verwenden die Herren Entdecker nur eine besonders aufwendige Entschuldigung, um lästigen häuslichen Pflichten wie Staubsaugen, Wäscheaufhängen und Altglasentsorgen zu entgehen. Zugegeben: »Ich geh mal schnell einen neuen Seeweg nach Indien suchen, Schatz« hört sich natürlich weltläufiger an als »Ich geh mal schnell zum Aldi und noch Getränke holen«.

Kolumbus wäre nicht so berühmt, wenn er eines Samstags nicht mit der Santa Maria in Richtung Karibik losgefahren wäre, sondern mit dem Kombi zum Baumarkt.

Den Drang in die Ferne kann ich einerseits verstehen. Andererseits muss ich sagen, dass sich aus meiner Sicht eine Flucht nach Papua-Neuguinea für einen halben Tag nicht lohnt, denn ich will ja spätestens zur Sportschau wieder zu Hause sein. Und dann noch die ganzen Mücken dort!

Warum überhaupt so weit in der Welt herumsuchen? Direkt in unserer Nähe existieren Regionen, die noch völlig unerforscht sind. Unsere Füße, zum Beispiel. Wer kennt schon seine Füße persönlich? Ich habe meine vor kurzem zufällig mal wieder gesehen und war doch sehr überrascht, wie viele Details mir entgangen waren. Bitte denken Sie jetzt nicht, ich spinne: Ich finde Füße unverzichtbar, schon allein als Halterung für schöne italienische Schuhe.

So ziemlich alles, was sich zwischen dem Boden und der Kniekehle befindet, ist für die meisten Erwachsenen terra incognita (Schuhverkäufer, Orthopäden und Nagelkosmetikerinnen ausgenommen), ein unbekannter Kosmos, wie die Tiefsee etwa. Das liegt daran, dass der Mensch aufrecht geht.

Und das ändert sich erst, wenn man Menschen in der Familie hat, die nicht aufrecht gehen – oder gerade gelernt haben aufrecht zu gehen, aber noch nicht höher als 90 Zentimeter sind.

Erst versuchen die Erwachsenen noch, Schubladen und Schranktüren mit Kindersicherungen zu versperren, aber das nützt nichts. Der Forscherdrang ist stärker.

In der Küche untersuchen die Wühlmäuse Töpfe, Vorratsschränke und Mülleimer. Im Wohnzimmer räumen sie alle Regale bis zu einer Höhe von 60 Zentimetern leer. Im Schlafzimmer kramen sie in Ecken, die sie eigentlich nichts angehen. (Aber erklär mal einem Entdecker, dass ihn dunkle geheime Ecken nichts angehen. Aussichtslos!) Kein Geheimnis in den untersten Schubladen bleibt ihnen verborgen.

Und so kommen die Kleinen stolz angewackelt mit Forschungsobjekten, die sie aus irgendwelchen vergessenen Winkeln ziehen. Liebesbriefe von der Ex-Ex-Exfreundin kommen da zu Tage, die natürlich sofort von der zuständigen Fachschaft (der Ehegattin) analysiert, seziert und kommentiert werden. Aus der zweit-untersten Schublade ziehen die Entdecker peinliche Fotos, die einen seltsamen Freak mit Jimi-Hendrix-Frisur, Schnauzbart und Nickelbrille zeigen – mich.

Irgendwann ist die Zeit der untersten Schublade zum Glück vorbei. Was da unten in der dunklen Fußwelt vor sich geht, gerät wieder in Vergessenheit – bis man sich einen anderen Entdecker ins Haus holt.

Zum Beispiel einen neugierigen kleinen Hund. Aber das ist eine andere Geschichte.

# Jetzt geht die Party los!

Das Nachtleben von Eltern soll langweilig sein?
Tatsächlich ist es cooler, als jeden Samstag ohne Kinder
auf einem Dancefloor herumzuhopsen. Ehrlich!

Die letzte richtig gute Party, die ich miterleben durfte, war der Geburtstag meiner Tochter.

Und auf den kleinen Dancefloors unseres Privatclubs ertönen Blockflöten-Hits, der Kinderfunk von Bayern 2 und Hörspiele.

Das klingt ein bisschen traurig. Als würden Eltern das Entscheidende verpassen. Das real existierende Familienleben muss aus der Sicht kinderloser Paare ja wirklich so was wie ein Knast mit abwechselndem Freigang sein. Der eine darf sich tagsüber bei der Arbeit erholen, zum Ausgleich geht der andere abends mal kurz raus, Luft schnappen, damit er nicht überschnappt.

Wenn der eine nachts aufsteht, um Wasserbecher ans Bett der Kinder zu tragen, muss der andere morgens zum Ausgleich aufstehen und Kaba anrühren. Schichtbetrieb statt Partyspaß.

In Wirklichkeit stimmt das Gegenteil. Das wahre

Nachtleben beginnt mit der Geburt der Kinder – da geht die Party so richtig los. Und zwar nicht erst, wenn sie in dem Alter sind, in dem man ab 1.30 Uhr Übernachtungspartys feiert. Schon mit Kleinstkindern gestalten sich die Nächte ganz abwechslungsreich.

Ich erinnere mich zum Beispiel gut und gern an den ersten Advent, den wir mit unserer Tochter verbracht haben: Es war drei Uhr nachts, vielleicht halb vier. Die Kleine konnte nicht schlafen. Möglicherweise wollte sie eine Party, wer versteht schon die jungen Leute, besonders, wenn sie sechs Monate alt sind und nicht viel mehr sagen als »Gagabra« und »Blublublä«. Jedenfalls konnten wir alle nicht mehr schlafen, zündeten eine Kerze an, setzten uns an den Küchentisch, frühstückten ein bisschen vor uns hin, das Kind schaute glücklich in die Flamme, wir schwiegen, ebenfalls glücklich. Ohne Kind hätten wir diesen hochromantischen Moment verpennt.

Keine Ahnung, was in den vergangenen Jahren samstags zwischen elf und drei Uhr morgens in den Clubs der Stadt so abging. Ich war ja nicht dort. Ich habe nämlich an anderen Partys teilgenommen, die viel lustiger waren. Wir haben im Schlafanzug zu »Cookie Monster« getanzt und nachts um halb zwölf Kakao für alle gekocht. Mit viel Sahne. Wir haben unseren Leuchtglobus angeschaut und sind in einer einzigen Nacht von Deutschland über Italien nach Afrika und von dort weiter nach Südamerika und Australien gereist – und das auch noch gratis.

Währenddessen standen die anderen in einer Schlange, um an einem Türsteher vorbeizukommen und gegen einen unverschämt hohen Eintrittspreis an einer kahlen Bar herumzustehen, wo die Musik so laut wummert, dass man sein eigenes Wort nicht versteht.

Mensch, ist das langweilig.

# Papa Blödmann

Kinder stehen nicht auf Superhelden, sondern
auf den Typ »liebenswerter Trottel«

Waschbrettbauch und Röntgenblick. Übermenschliche Kräfte. Nerven aus Stahl. Flugfähigkeit. Helfersyndrom. Hyperaktivität. Das sind die hervorstechenden Merkmale von Superman. Dagegen kann ich nicht anstinken. Meine hervorstechenden Merkmale: Schwabbelbauch, Kurzsichtigkeit (4,75 Dioptrien), psychische und physische Schwächephasen, Nerven aus Pergament, Flugangst, Müdigkeitssyndrom, Hyperpassivität. Kurz: Ich bin nicht Superman, sondern Superflasche.

Ist das ein Problem für die Menschheit? Oder wenigstens für meine Kinder? Kaum. Früher wünschten sich Kinder, ihr Vater wäre ein Superheld, Pilot, Lokomotivführer oder wenigstens Feuerwehrmann. Heute wissen sie nicht mal, was sie selbst werden wollen: Popstar oder Genforscher vielleicht? Und traditionelle Männerjobs spielen schon gar keine Rolle mehr. Wenn Dreijährige an einen Lokomotivführer denken, dann höchstens an den netten Lukas, der mit Jim Knopf durch die Welt reist.

Die männlichen Figuren, die meine Kinder in Büchern, Comics und Fernsehserien kennen- und lieben lernen, sind zum größten Teil sympathische Verlierer. Donald Duck ist einer von ihnen, Homer Simpson, Mr. Bean und Spongebob Schwammkopf gehören auch dazu. Ehrlich gesagt, mag ich sie auch. Sie wirken hirnamputiert und harmoniesüchtig, scheinen es aber im Grunde gut zu meinen. Spongebob zum Beispiel ist das Gegenteil von einem Super-Mann. Für das hohle Weichtier ist es das Größte, wie irre in der Gegend rumzuhopsen und dabei hysterisch zu kichern. Spongebob arbeitet klaglos bis zu 24 Stunden am Tag als Krabbenburgerbrater in einem Schnellimbiss, er hat kein Rückgrat, keine festen Formen und keine festen Meinungen.

Ist Spongebob etwa so beliebt, weil er den typischen modernen Mann verkörpert – weich, hohl und flexibel? Muss ich folgerichtig eine Dumpfbacke sein, um meinen Kindern emotionale Sicherheit zu bieten? Sollte das so sein, befinde ich mich, wie viele meiner Altersgenossen, in einem Dilemma. Denn einerseits möchte ich ein guter Vater sein, andererseits kein Spießer. Einerseits will ich aussehen wie Superman, andererseits wären mir die Fliegerei und das dauernde Weltretten zu stressig.

Eine von der evangelischen Kirche in Auftrag gegebene Studie zum Thema »Männer im Aufbruch« ergab, dass es einen kleinen Teil »traditionelle Männer« und einen kleinen Teil »neue Männer« gibt, aber rund 40 Prozent »unsichere Männer«.

Die traditionellen – das sind, vereinfacht gesagt, die Lokomotivführer. Die neuen tragen Babys im Wickeltuch und laufen mit Latzhosen herum. Und die unsicheren wissen nicht, ob sie eher Schwammkopf oder Superman sein wollen.

Ich meinerseits habe die Erfahrung gemacht, dass ich für meine Kinder immer dann der Größte bin, wenn ich mich zum Deppen mache. Einmal habe ich mit ihnen gewettet, dass ich es schaffe, mit dem Rauchen aufzuhören. Die Abmachung: Wenn es mir nicht gelingt, gehe ich mit Rastalocken-Perücke und Plastiknase in den örtlichen Supermarkt einkaufen.

Es lief nicht gut für mich – die Kinder haben mich beim Rauchen erwischt und sich anschließend kaputtgelacht, als sie mich beim Einkaufen in der albernen Verkleidung beobachten durften.

Ich bin eben kein Superman. Ich bin nicht weltbekannt, nicht superstark, nicht superschlau. Ich bin Papa Blödmann. Und für meine Kinder trotzdem manchmal ein bisschen ein Held. Das reicht doch eigentlich.

# Lauter kleine Ganoven

Wenn es darum geht, aus fürsorglicher
Sicherheitsverwahrung zu türmen, werden harmlose
kleine Wesen zu wahren Ausbrecherkönigen

Räuber Hotzenplotz wirft viele Fragen auf. Unser Sohn hatte nach dem Vorlesen noch eine Reihe von Detailfragen. Unter anderem diese: »Papa, was ist ein Gefängnis?« »Das ist ein Haus, das vergittert und abgeschlossen ist, damit niemand rauskommt, der nicht frei herumlaufen soll.« Schlussfolgerung unseres Sohnes: »Dann wohnen wir ja in einem Gefängnis!«

Das ist vielleicht gar nicht so falsch. Denn unsere ehemals schmucke Altbauwohnung hat sich nach und nach in eine Art Hochsicherheitstrakt verwandelt, seit sie von kleinen Wesen bewohnt wird, die nicht frei herumlaufen dürfen. Überall sind Gitter. Vor dem Kinderbett, vor dem Balkon, vor dem Herd. Die Sicherheitsverwahrung der Kleinkinder dient ihrem eigenen Schutz. Und deshalb sind die Fenster verrammelt, aus denen sie fallen könnten, die Haustüren verriegelt, aus denen sie verschwinden könnten, die Besteckschubladen versperrt, damit sie sich nicht verletzen. Spitze, elektrische, giftige Dinge wurden entfernt oder gut versteckt. Wir haben sogar eine Alarmanlage, nur für den wahrscheinlichen Fall, dass wir dringend Hilfe brauchen, wenn der Sohn doch den Schlagbohrer in die Finger bekommt, die Steckdosensicherung überlistet und damit beginnt, einen Fluchttunnel in den Parkettboden zu treiben.

Unsere Kinder empfinden das alles vermutlich als schwere Menschenrechtsverletzung. Und seit ich die Geschichte von Bekannten gehört habe, rechne ich mit schlimmen Folgen: nämlich unbändigem Freiheitsdrang. Ziel: Flucht aus dem Gefängnis. Die Geschichte handelt von dem dreieinhalbjährigen Sohn unserer Bekannten. Nennen wir ihn Joshua P., den Ausbrecherkönig. Immerhin konnte Joshua bereits drei Stunden nach seiner Flucht gefasst werden. Sie flog auf, weil er kein Geld für den Bus hatte und seinen Schlafclown auffällig eng umschlungen hielt. Der Busfahrer lieferte den Ganoven bei der Polizei ab, die ihn verhörte. Vor- und Nachname wusste der Flüchtling, auch die Straße, in der er wohnt.

Allerdings gab es in ganz Frankfurt keine Straße mit diesem Namen.

Sondern in Langen, 30 Kilometer außerhalb der Stadt. Joshua P., dreieinhalb Jahre alt, wollte nach Angaben der Polizei »nur einen kleinen Ausflug machen«. Er gab vor, eben mal kurz in den Garten zu gehen, schlich sich mit seinem Schlafclown zum S-Bahnhof, setzte sich in den Zug nach Frankfurt, stieg am Hauptbahnhof aus und schlenderte einige Stunden durch die Stadt. Seine Eltern erfuhren übrigens aus dem Radio vom Verbleib des Klein-Kriminellen. Die Polizei hatte eine Suchmeldung herausgegeben.

Joshua P. ist kein Einzelfall. So wie der Ausbrecherkönig von Langen versuchen täglich Tausende von Kleinkindern, alle Sicherheitsvorkehrungen zu unterlaufen, die sich ihre ängstlichen Eltern ausgedacht haben. Sie knacken Kindersicherungen, finden versteckte Hausschlüssel, orten und bergen Schokolade, die in den geheimsten Winkeln lagert.

Ausbrecherkönig Joshua P. übrigens wurde dann von einem Wachtmeister nach Hause gefahren, im Polizeiauto, mit Blaulicht und Martinshorn. Joshua fand das so gut, dass er ankündigte, bald wieder einen »Ausflug« zu machen.

# Meuterei für das Bounty

Die Welt ist für kleine Kinder eine einzige
Versuchung. Und manchmal bringt Nachgeben mehr
als Widerstand leisten

Las Vegas ist überall. Vor dem Supermarkt. Im Supermarkt. Um den Supermarkt herum. Überall blinkt
und piept es. Rote, gelbe und grüne Lichter werben dafür, Euros in Lust und Laster zu stecken. Zum Beispiel in
diesen Feuerwehrlaster vor dem Eingang des Baumarktes.
Er tankt 50-Cent-Stücke, und bei Bezahlung blinkt und
heult er. Ohne Bezahlung blinkt er nur, dafür heult das
Kind.

Wer stellt eigentlich solche Terrorgeräte auf? Die Kin-
der-Abteilung eines Dealerrings, der Junkie-Nachwuchs
heranziehen will?

Überall lauern Gestalten, die wehrlose Kleinkinder in
ein Abhängigkeitsverhältnis zwingen: wackelnde Hunde
mit perfide grinsenden Schnauzen. Lus-
tige Elefanten mit Dackelblick und
Doppelsitz auf dem Rü-
cken. Grellrot lackierte

Marienkäfer mit hypnotischen Fähigkeiten. Sprechende Hubschrauber mit Scheinwerferaugen.

Die scheinbar harmlosen Gesellen wollen nur eines: Kinder verführen. Sie schreien: »Kauf mich! Benutz mich! Fütter mich! Huuuunger! Muss Münzen mampfen!«

Leider sind die Zeiten vorbei, in denen ich meine Kinder auf so eine Gute-Laune-Maschine setzen konnte, ohne Geld einzuwerfen. Heute wollen sie den echten Ritt auf dem falschen Elefanten.

Oder am besten gleich Bargeld, um es in Überraschungseiern, mit Farbstoffen und Konservierungsmittel angereichertem Zuckerzeug oder giftigem Plastikschrott anzulegen.

Supermärkte sind so konstruiert, dass Eltern keine Chance gegen die Konsumsucht ihrer Kinder haben. Vor der Kasse baut man Tonnen bunter, süßer, nutzloser Sachen auf – allesamt in Kniehöhe, sodass die Kleinen anfangen zu quengeln, und zwar so automatisch, wie sich die Eingangstür öffnet, wenn man hindurchgeht. Es ist ein Reflex. Deshalb kann bei der Meuterei für das Bounty immer nur einer gewinnen – der Supermarkt.

Was tun? Gerade in Vor-Oster-Zeiten, in denen Schokonikolaus-Regale zu Schokohasen-Regalen werden, verspüre ich den ganz und gar unpädagogischen Wunsch, meine Kinder nur noch geknebelt, gefesselt und mit verbundenen Augen mit zum Einkaufen zu nehmen. Ich denke außerdem über eine Zusammenarbeit mit militanten Tierschützern nach, um all die wehrlosen, in Stanniol verpackten Hasen, Küken und Lämmer zu befreien.

Eine Zeit lang versuchten wir, die Zuckersucht unserer Kinder durch Extrem-Öko-Ernährung zu bekämpfen. Zum Frühstück gab es Reiswaffeln mit zuckerfreiem Fruchtaufstrich, mittags Vollkornreis ohne Sauce mit Salat, nachmittags einen leckeren Kuchen aus grobkörnigem Dinkelmehl und frei laufenden Eiern. Der Kuchen schmeckte wie halbsüßer, halb ausgehärteter Zement, aber es war ja für einen guten Zweck.

Irgendwann mussten wir feststellen, dass die Anti-Zucker-Politik nicht den erwünschten Effekt zeigte. Wir hätten es wissen können: Prohibition steigert das Verlangen nach Verbotenem. Also probierten wir es mit einem öffentlich zugänglichen Fach, das stets gut mit Gummibären, Schokolade und Chips gefüllt ist.

Die Kinder gehen erstaunlich gut damit um und bedienen sich in geradezu rührend maßvoller Weise. Einmal gab mein Sohn zu, eine Tüte Gummibärchen geräubert zu haben – dabei hatte er nur drei Bärchen herausgenommen! Vielleicht sollten wir mit der Vergnügungssucht angesichts blinkender Automaten ähnlich liberal umgehen.

Meine Therapie-Idee: Sobald die Kinder größer sind, fliegen wir nach Las Vegas, setzen uns ein Limit von zehn Dollar und leben unsere Träume aus.

# Total kaputt

Kinder zerstören Dinge nicht aus Böswilligkeit.
Sie machen nichts anderes, als deren Aggregatzustand
zu verändern

Die schöne alte Carrera-Rennbahn? Kaputt. Das ökologisch korrekte Puppenhaus aus unbehandeltem Holz? Unbenutzbar. Das Licht im Flur? Geht nicht mehr. Das Fahrrad des Sohnes? Defekt. Die Nerven? Hinüber.

Alles geht den Bach runter, alles. Menschen, Tiere, Pflanzen, selbst Felsen und ganze Planeten gehen kaputt. Es ist nur eine Frage der Zeit, wann sich die Dinge in Staub auflösen.

Physiker nennen das Entropie. Für sie gibt es keine kaputten Sachen. Aus ihrer Sicht laufen lediglich unterschiedliche Prozesse ab, die den Zustand eines Systems verändern.

Erstaunliche Entropie-Sonderfälle spielen sich ab, wenn das System Familie heißt und die Energie von Kindern ausgeht. Erstaunlich deshalb, weil nirgendwo anders so viel innerhalb so kurzer Zeit kaputtgeht wie hier.

Eigentlich könnte eine ganze Serviceindustrie von der Schadensbehebung in Haushalten mit kleinen Kindern leben. Warum gibt es eigentlich noch keine Agentur für Au-pair-Handwerker?

Dabei existieren unterschiedliche Grade des Kaputtseins: leichte Schäden wie ein abgerissener Puppenarm, der wieder anoperiert werden kann. Schwere Missstände wie ein Modellflugzeug mit defektem Elektromotor. Und dann gibt es noch die ganz kaputten Sachen, die jenseits aller Rettungsmöglichkeiten sind. Im Amerikanischen gibt es dafür ein Adjektiv: »fubar«, eine Abkürzung für »fucked up beyond repair«.

Kleinkinder lernen neben »nein« und »Mama« ganz schnell ein weiteres wichtiges Wort: »put«. Es macht das Baby angeblich schlau, Dinge vom Hochstuhl zu werfen und laut »put!« zu krähen. Kluge Eltern benutzen deshalb elegantes Plastikgeschirr, legen Plastikplanen auf dem Teppichboden aus und laden jahrelang keine Leute ein, die allergisch auf fliegende Tomatensauce reagieren.

Später gesellt sich zur Entropie noch ein weiteres Prinzip: die Diffusion. Diffusion nennt man die Bewegung von Teilchen im Raum, beeinflusst durch Energie. Sagen wir, bei den Teilchen handelt

es sich um Legosteine und beim Raum um ein Kinderzimmer. Minimale Energiezufuhr, etwa durch einen spie-
lenden Dreijährigen, genügt, um alle Legos gleichmäßig
im Raum zu verteilen. Das gleiche Phänomen tritt auch
bei Spielzeugautos, Playmobilfiguren, Socken und Gummibärchen auf – und zwar meistens gleichzeitig.

Eltern versuchen zwar dagegenzuarbeiten, dass sich
alles in Staub auflöst. Aber das ist vergeblich. Denn Diffusion und Entropie sind Naturgesetze. Eigentlich lohnt
es sich nicht, sich darüber aufzuregen, wenn Kinder dem
Computer das Lebenslicht ausblasen, indem sie ihn so
geschickt mit dem Fußball treffen, dass die Festplatte sich
nicht mehr dreht.

Und was ist eigentlich so schlimm daran, wenn die
Gattin eine Beule in das neue Auto hineinparkt? Und
was ist schon ein durchgeschmorter Toaster, wenn man
bedenkt, dass irgendwo im Universum ganze Sonnensys-
teme explodieren?

Und doch: Das Schwarze Loch, das ferne Galaxien
verschlingt, ist eben ganz, ganz weit weg, während der
brennende Toaster in der eigenen Küche steht und einem
deshalb viel katastrophaler vorkommt.

Alles hängt von der Wahrnehmung ab. Vielleicht
sollten wir uns deshalb den Blick des Physikers aneignen:
Der Toaster raucht, nicht weil er böse ist, sondern weil er

technisch versagt. Und Kinder zerstören meist nicht aus Mutwilligkeit, sie ändern nur den Aggregatzustand eines Spielzeugs. Ich hoffe, das beruhigt Sie.

# Die Enttarnung des Osterhasen

Kinder haben viele Fragen. Weil die Antworten oft grausam oder langweilig wären, müssen Eltern Märchen erfinden

Lügen entstehen aus der Not. Und die Not war groß, als unsere Zwerghasen Hoppel und Schlappi für immer ins Gras bissen. Also entstand eine große Lüge. Die armen Tierchen seien jetzt im Hasenhimmel, tröstete die mitfühlende Mutter die schluchzenden Kinder. Die Wahrheit hätte weniger hübsch geklungen: Der Fuchs hatte Hoppel und Schlappi geholt.

Nun wollen Kinder so eine Geschichte wie die vom Hasenhimmel gern glauben. Aber sie denken auch praktisch. Also stellte mein Sohn die berechtigte Frage, was denn die toten Tiere dort oben im Himmel fressen. Schlagfertig wie immer erklärte die Mutter, dass sich die verblichenen Haustiere von abgestorbenen Pflanzen ernähren, die auch irgendwohin müssen, wenn sie nicht mehr leben. Der liebe Gott habe die Sache schlauerweise so eingerichtet, dass Haustierhimmel und Pflanzenhimmel auf einer gemeinsamen Wolke untergebracht seien.

Darf man Kinder so dreist anschwindeln? Eine Frage, die gerade in der Osterzeit wieder an Aktualität gewinnt.

Dass die meisten herumhoppelnden Säugetiere keine Eier legen (Schnabeltiere mal ausgenommen), ist bereits den meisten Vorschulkindern klar, aber soll man ihnen erbarmungslos eröffnen, dass der Osterhase gar nicht existiert?

Was wäre Weihnachten ohne das Christkind? Der Nikolausabend ohne den Nikolaus?

Ganz ehrlich: wie ein Überraschungs-Ei ohne Überraschung. Wie die Sendung mit der Maus ohne die Maus. Der Glaube an Eier legende Nager und andere Fabelwesen gehört einfach zum Familienglück. Glauben zumindest Eltern und lügen deshalb wie gedruckt.

Das Problem: Von den Kindern verlangen wir absolute Ehrlichkeit. Lügen ist das Schlimmste überhaupt, betonen wir in regelmäßigen Abständen. Um dann haarsträubende Geschichten zu erfinden, schlimmer als Münchhausen, die Brüder Grimm und die »Bild-Zeitung« zusammen.

So haben wir im Lauf der Jahre ein beachtliches Lügengebäude errichtet, mit Hasen, die Schoko-Eier produzieren, bärtigen älteren Herren und ihren fliegenden

Rentieren, Sandmännchen und Zahnfeen. Bestärkt von Psychologen, die sagen, dass Kinder magische Gestalten brauchen, weil die die Phantasie anregen.

Bis das Lügengebäude irgendwann in sich zusammenfällt. Einige Wochen nach Verkündung des Märchens vom Pflanzen- und Hasenhimmel verbrachten die Kinder ein Wochenende bei der Oma. Als die auf ihrem Balkon verwelkte Blätter von den Blumen zupfte und wegwerfen wollte, gaben die Kinder zu bedenken, dass dies wertvolles Futter für Hoppel und Schlappi sei.

Das hielt die Oma für ausgemachten Unsinn, und schon war die Hasenhimmellüge entzaubert. Was folgte? Ein längeres Telefongespräch über bizarre Erziehungsmethoden, neue Erklärungsversuche zum Thema himmlisches Hasenfutter und eine allgemeine Glaubenskrise in der Familie.

Ich plädiere inzwischen für folgende Sichtweise: Die Wahrheit als solche existiert ebenso wenig wie die Lüge. Lüge und Wahrheit sind keine Gegensätze, eher zwei Seiten einer Medaille.

Ganz ehrlich.

# Hulassa babuff

Kinder formen Silben, Eltern füllen sie mit Bedeutung.
Trotz mancher Missverständnisse ist alles Lallen Poesie

Am Anfang schuf Gott Himmel und Erde, und die Erde war wüst und leer.« So lauten die berühmten ersten Worte aus dem Ersten Buch Mose. Die ersten berühmten Worte kleiner Menschen lauten: »Dada!«, »Blabla!«, »Gaga!« oder »Nana!«

Naja, das hört sich erst mal nicht besonders tiefsinnig an, aber die Eltern geraten bei jedem gelallten Zweisilber aus dem Häuschen. Denn sie glauben, soeben das erste sinntragende Wort ihres Kindes gehört zu haben. Der Vater versteht »Papa«, die Mutter hat eindeutig »Mama« gehört. Und fortan scheint es ihnen nicht mehr wüst und leer in ihrem Leben, und der Geist Gottes schwebt durchs Kinderzimmer.

In Wirklichkeit jedoch, behaupten böse Sprachforscher, meint das erste Dada-Wort oft gar nicht »Mama« oder »Papa«, sondern »Auto«, »Fläschchen« oder »Hund«. Der Interpretationsspielraum bei Ansagen wie »Baba« oder »Wawa« ist erfreulich hoch. Das Baby dagegen fühlt sich schnell missverstanden. Deshalb heißt es: üben, üben, üben. Wie macht die Kuh? Muh. Wie macht die Katze? Miau! Wie macht der Hund? Wau. Genau.

Ersteltern können von dem eifrigen Gemuhe und Gewaue gar nicht genug bekommen. Manche dokumentieren die gestammelten Artikulationsversuche akribisch. Wenn die Lallphase und das Einwortstadium überwunden sind, wird es erst so richtig lustig. Nana Bibapp. Nana Perp. Nana Bibapp. Nana Perp. Hört sich an wie Musik, bedeutet aber: Hannah Spielplatz, Hannah Pferd.

»Hulassa babuff! Hulassa babuff«, teilt der Sohn meines Freundes Robert jedes Mal aufgeregt mit, wenn er mich sieht. Was soll das bloß bedeuten? Nach langem Nachdenken sind wir schließlich draufgekommen. Robert, ein begeisterter Modellflieger, hat einen neuen, ferngesteuerten Hubschrauber, den er noch nicht so perfekt unter Kontrolle hat. Der Heli stürzt dauernd ab und ist kaputt – Hulassa babuff.

Ist das nicht reine Poesie? Hulassa. Bibapp. Babuff. Klingt wie ein dadaistisches Gedicht. Und tatsächlich:

Kleinkindgeplapper ist eng verwandt mit großer Dichtung. Das konnte sogar wissenschaftlich bewiesen werden: David Miall von der Universität von Alberta verglich mithilfe eines Computerprogramms die Sprach- und Lautmuster typischer Babysprache mit denen klassischer Dichtung. Er fand dabei viele Übereinstimmungen. »Die Babysprache ist voll von poetischen Zügen: Metrik und Phonetik – also Rhythmus und Laute – folgen den gleichen Regeln wie in der Dichtung«, sagt Mr. Miall.

Während die Erwachsenen noch rätseln, was »Bui« und »Napsi« bedeuten soll (Stuhl! Spinat!), lernen die Kinder unglaublich schnell. Etwa neun neue Wörter pro Tag kommen dazu, das ist ein Wort pro Stunde im Wachzustand. Innerhalb von sechs Jahren verfügen sie über ein Repertoire von 14 000 Wörtern. Größer als der Wortschatz der »Bild-Zeitung«.

Und wenn ein Wort fehlt, erfinden die Kleinen einfach eines. Luftoni heißt übersetzt Luftballon, der Eskimo wird kurzerhand Kimborin getauft, der Computer Budoni und der Kapitän Batateen.

Sie verstehen nur »Bamame?« Tein Lolem: Für die Kommunikation zwischen Baby und Erwachsenen gibt es jetzt das »Langenscheidt Baby-Wörterbuch« mit viel Raum für Notizen. Auf 48 Seiten können Eltern die originellsten Ausdrücke ihrer Sprech-Pioniere von A wie

Axelzaf bis Z wie Zalazoze aufschreiben. Entwickelt wurde das Lala-Lexikon von »Dummidiefel«-Spezialisten, die sogar daran gedacht haben, dass ein Babysprachführer aus dickem und abwaschbarem Papier bestehen muss. Das guuuh! Sons Bubu snell babuff. Sie verstehen.

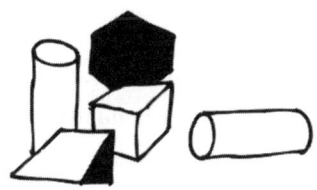

# Noch maaaal!

Wiederholungen sind pädagogisch wertvoll.
Wiederholungen sind pädagogisch wertvoll.
Wiederholungen sind – anstrengend

Tausendmal »Bi-Ba-Butzemann«, zehntausendmal »Conni fährt in Urlaub«, hunderttausendmal »Guten Abend, gute Nacht«. Und dann alles wieder von vorn.

Was kann man dagegen tun? Muss man was dagegen tun? Darf man was dagegen tun?

Erwachsene Leser wünschen eher selten, dieselbe Geschichte zweimal zu lesen. Leider, denn das würde mir das Schreiben deutlich erleichtern. Kleine Kinder dagegen können ohne zigfache Wiederholungen nicht leben. Als informierter Vater weiß man ja: Kinder brauchen Rituale. Wiederholungen sind pädagogisch wertvoll. Aber sie strengen an!

Wenn es wenigstens nur um das 28. Vorlesen der »Raupe Nimmersatt« ginge. Aber meine Kinder wollen noch ganz andere Dinge wiederholt haben. Sie krähen zum Beispiel auch »Noch mal!«, wenn ihr Vater aus Versehen gegen den Türrahmen knallt und sich benommen den

Schädel reibt. Das erinnert mich an eine Karikatur, auf der man ein total zerstörtes Auto an einem Baum sieht, alles zersplittert, aus dem Motor raucht es. Aus dem kaputten Rückfenster kommt eine Sprechblase: »Noch mal!«

Kinder brauchen Rituale, also gut. Aber wie weit müssen Eltern dabei gehen, ohne verrückt zu werden? Es gibt geheime Selbstschutz-Mechanismen, an die man sich halten kann. Beim Vorlesen der immer gleichen Geschichte habe ich zum Beispiel eine Technik entwickelt, bei der ich auf Autopilot schalte. Ein Teil von mir liest vor, ein anderer Teil blendet sich komplett aus und macht etwas anderes. Italienische Vokabeln durchdeklinieren. Das Fernsehprogramm für den weiteren Abend scannen. Das Kind beobachten und mich fragen: Was geht in diesem Kopf vor?

Es ist doch klar, dass die Raupe Nimmersatt auf der nächsten Seite ein Stück Torte frisst, das haben wir doch gestern schon besprochen, vorgestern auch, und morgen wird es wieder so sein. Was ist daran so faszinierend?

Vielleicht sind Kinder ganz schlimme Spießer. Beim Spielen, beim Kassettenhören, beim Essen muss immer alles gleich ablaufen. Beim Fernsehen sowieso. Andere sind genervt von den ewigen Wiederholungen, Kinder lieben sie. Deshalb ist beim zwei- bis vierjährigen Zielpublikum auch noch die 532. Teletubbie-Sendung so beliebt. Können diese winkenden Wichte bei Zuschauern eigentlich Gehirnzellen abtöten? Das Internationale Zentralinstitut für das Jugend- und Bildungsfernsehen (IZI) kam in einer Studie zu dem Ergebnis, die Serie sei keinesfalls schädlich für Kleinkinder, sondern unterstütze im Gegenteil Vorstellungsvermögen und Raumgefühl.

Das Prinzip des ewig Gleichen dient also tatsächlich einem guten Zweck. Mit Wiederholungen lernen Kinder zu lernen. Wer seinen Kindern täglich die gleiche Geschichte vorliest, ermöglicht dem Nachwuchs also vielleicht eine spätere Karriere als Quantenphysiker.

»Kinder kennen ja keine Formeln, sehen aber, dass in den Naturwissenschaften unter bestimmten Bedingungen immer die gleichen Dinge passieren. Das ist ein Grundgesetz der Natur, das die Kinder verstehen«, sagt Petra Mischnick von der TU Braunschweig.

Und wenn ich ehrlich bin: Wiederholungen haben für mich auch jenseits des neuronalen Nutzens was Angenehmes. Ohne Schlaflieder, Rückenkraulen und Schmuse-Viertelstunde wäre der Abend nur halb so schön.

Schade eigentlich, dass sich Erwachsene lieber vorm Fernseher zerstreuen, als es wie die Kinder zu machen – jeden Tag mit einem Kuschelritual zu beenden.

# Ungerecht!

Für Mädchen gibt es viel mehr hübsche Klamotten als für Jungen. Das kann beim Nachwuchs fatale Folgen haben.

Damit keine peinlichen Verwechslungen passieren können, sortieren manche Eltern ihre Babys nach Farben. Rosa für Mädchen, Blau für Jungs. Experten sagen, man könne den Unterschied auch ohne Klamotten erkennen, manchmal sogar besser. Wer unter der Windel nachschaut, kann sich nach auffälligen Körpermerkmalen richten, um festzustellen, ob es sich um einen Buben oder ein Mädchen handelt.

Trotzdem ziehen Muttis und Vatis ihren kleinen Fräuleins gern schon Kleidchen an und ihren kleinen Männern gern Jeans und Lederjacke, obwohl die so verkleideten Mini-Menschen noch nicht mal laufen können, geschweige denn in der Lage sind, ihre Meinung zum aufgezwungenen Kleidungsstil nachdrücklich zu artikulieren.

Wenn Mädchen dann später in die Prinzessinnenphase kommen, wollen sie gern selbst die Moderichtung bestimmen, und dann wird es erst so richtig lustig. Dann beginnt die wunderbare Zeit der rosa Rüschenkleider, der weißen Lackschuhe und der glitzernden Haarspängchen. »Schön anziehen« wird zum Lieblingshobby, gleich nach Kämmen, Schminken und Sich-selbst-im-Spiegel-Anschauen.

Das ist gut und schön, aber wie verhält man sich als Vater? Ist es richtig, immer »Oh, wie schön!« zu heucheln? Darf man lachen? Soll man es ignorieren? Kann man schon mal den Therapeuten buchen?

Oder ist das Tragen von Frauenkleidern für die Kleinen eine ganz normale Verkleidung, ein Rollenspiel wie Indianer, Pirat oder Marienkäfer?

Und aus Sicht des kleinen Bruders stellt sich die Frage: Ist es nicht ungerecht, dass Mädchen so schöne Sachen tragen können – und Jungen nicht?

Unser Sohn hatte jedenfalls das Gefühl, die geschlechtsspezifische Kleiderordnung sei extrem ungerecht. Seine Stilikonen waren zwei Frauen, nämlich die Mama und die große Schwester. Zu feierlichen Anlässen trugen die Damen elegante Kleider, sie hängten sich glitzernde Sachen an den Kopf und um den Hals und malten sich das Gesicht und die Hände an. Das sah irgendwie toll aus, fand der kleine Junge, und versuchte es nachzumachen – worauf er von der Schwester ausgelacht wurde.

Kleidungstechnisch kann von Gleichberechtigung also keine Rede sein. In Kaufhäusern nehmen die Abteilungen für Damen- und Mädchenbekleidung dreimal so viel Platz ein wie die Herren- und Jungenabteilungen. Frauen können zwischen Hose, Rock, Kleid, Hosenrock, Kostüm, Abendrobe, Dirndl und Kimono wählen, um nur einen Bruchteil der Möglichkeiten zu nennen. Männer haben, grob gesagt, die Wahl zwischen ordentlicher Hose oder schlabberiger Freizeithose. Es sei denn, es handelt sich um Schotten oder Thomas Gottschalk.

Als erwachsener Mann gewöhnt man sich irgendwann an die Spielregeln und sieht dann doch lieber davon ab, geschminkt im geblümten Kleid bei der Konferenz im Büro aufzukreuzen.

Unser Sohn beschloss jedoch eines Tages, sich für einen besonderen Anlass – ein Ausflug mit dem Opa ins Deutsche Museum – besonders schön anzuziehen. Er lieh sich ein hübsches Kleid von der Schwester, kämmte sich die Haare und zog gut gelaunt mit dem Opa los. Die Mutter und die Schwestern rissen sich zusammen und lachten nicht, und im Museum soll es sehr interessant gewesen sein, berichteten die beiden Ausflügler.

Mittlerweile trägt der Junge lieber weite Jeans, Turnschuhe und Schlabberpullis. Und seine Haare sind länger als damals während der Mädchenkleiderphase. Rock oder nicht Rock? Das spielt nur noch bei Diskussionen über Musikgeschmack eine Rolle.

# Der Party-Wahnsinn

Früher reichte ein schöner Kuchen und Topfschlagen
– heute muss man sich für einen Kindergeburtstag fast
schon verschulden

Eine Segelregatta sei »kein Kindergeburtstag«, hat der
deutsche Segler Tim Kröger in einem Interview gesagt. Gut, dass er das erwähnt hat. Nicht auszudenken, was
passiert wäre, wenn seine Mannschaft den America's Cup
für einen Kindergeburtstag gehalten hätte. Die Männer
wären mit bunten Papphütchen auf dem Kopf an Bord
gegangen. Sie hätten Luftschlangen im Wind tanzen lassen, mit Kochlöffeln auf Töpfe geschlagen, heißen Kakao
aus Pappbechern getrunken und »Reise nach Jerusalem«
gespielt. Immer wieder wird der Vergleich mit dem Kindergeburtstag herangezogen, um auszudrücken, dass es
sich um eine besonders harte Veranstaltung handelt. Die
Aufsichtsratssitzung bei Siemens – kein Kindergeburtstag. Die Tour de France – kein Kindergeburtstag. Die
Grundausbildung bei der Bundeswehr – kein Kindergeburtstag.

Solche Hinweise sind erstens überflüssig, denn man

erkennt ja schon am Fehlen von Kindern und Geburts-
tagstorten, dass es sich nicht um einen Kindergeburtstag handelt. Und zweitens wird ein völlig falsches Bild
vom Kindergeburtstag vermittelt. Denn Kindergeburtstage sind viel härter als ihr Ruf. Ein Kindergeburtstag
ist rasanter als ein Formel-1-Rennen, komplizierter und
wichtiger als eine Aufsichtsratssitzung eines Weltkonzerns,
lauter als ein Hardrock-Konzert, kraftraubender als Tour
de France und Wüstenmarathon zusammen.

Die Logistik für einen Kindergeburtstag ist ungefähr
so aufwendig wie die Planung einer bemannten Mond-
Mission. Natürlich muss eine mehrstöckige Torte geba-
cken werden, pro Lebensjahr des Kindes kann man ein
Stockwerk dazurechnen. Es müssen Wiener Würste, Li-
monade, Chips, Gummibärchen und Schokolade in rauen
Mengen herangeschleppt werden, zusätzlich noch hau-
fenweise billiger Plastikkram als Belohnung beim Topfschlagen.

Mädchengeburtstage zeichnen sich dadurch aus, dass
den ganzen Nachmittag lang ein helles Gekreische die
Luft erfüllt, das jedes Tokio-Hotel-Konzert in den Schat-
ten stellt. Wer das nervlich durchstehen will, sollte auf
jeden Fall Ohrenstöpsel verwenden. Jungengeburtstage
sind eine besondere Herausforderung an die Stabilität
des Nervenkostüms und der Bausubstanz. Eltern, die ihre

Kinder abends von so einem Kindergeburtstag abholen, sind meistens froh, wenn niemand grobe Verletzungen davongetragen hat – und dass es sich nicht um die eigene Wohnung handelt, die da in Trümmern liegt. Fatalerweise steigen die Ansprüche an das Organisationskomitee von Jahr zu Jahr. Die Familien überbieten sich gegenseitig mit immer großartigeren Attraktionen. Es muss dann schon der Ausflug ins Spaßbad sein – was ein halbes Monatseinkommen kostet und wegen der hohen physischen und psychischen Anforderungen nicht nur das Geburtstagskind schlagartig altern lässt. Es folgen Zoo-Geburtstage, Museums-Geburtstage, Kino-Geburtstage und Kegel-Geburtstage. Seit einiger Zeit ist auch noch die Mode der Übernachtungs-Geburtstage ausgebrochen. Schon Sechsjährige bestehen darauf, dass die Party von nachmittags um vier bis am nächsten Tag um elf gehen muss – inklusive Pizzabacken, Theaterspielen, Fackelwanderung, Filmabend, Brunch. Demnächst dauern Kindergeburtstage voraussichtlich eine Woche, und Ausflüge ins Disneyland oder ins Weltall gehören zum Standard-Programm. Was ist dagegen schon der America's Cup? Ein bisschen Bötchen fahren, na und?

# Süße Wahrheiten

Über Geschmack lässt sich nicht streiten.
Über die Abhängigkeit von Osterhasen, Ü-Eiern
und Gummibärchen aber schon

A us der Sicht meines Sohnes sind Menschen absto-
ßend, die gern Rotwein trinken, schimmligen Käse
essen und sich rohen Fisch mit scharfem japanischem
Wasabi auf der Zunge zergehen lassen. Die Geschmacks-
richtungen sauer, bitter und scharf findet er einfach in-
diskutabel.

Mir als Rotwein-Käse-Sushi-Freund erscheint um-
gekehrt mindestens genauso bitter, was Kindern alles
schmeckt. Da sauer, bitter und scharf ausscheiden, bleiben
nur noch süß und salzig übrig. Salzig scheint aus Kinder-
sicht okay zu sein, solange es sich um Chips, Pizza, Schnitzel, Pommes oder ähnlich gesunde Sachen handelt.

Bleibt der Süßkram. Gerade um die Osterzeit herum schleichen sich in die meisten Familien massenhaft
süße Mitbewohner ein. Horden von Osterhasen, ganze
Armeen von Gummibärchen, heimtückisch grinsende
»Happy Hippos« greifen auf breiter Front an und ver-

giften das Klima. Denn mit den süßen Figuren tauchen auch die Probleme auf.

Nett gemeinte Ratschläge wie »Probiert doch mal ein Schwarzbrot mit Gorgonzola!« laufen ins Leere, wenn auch Quarktaschen, Schokopudding und Rosinenkuchen im Angebot sind. Die Anregung, statt eines Ü-Eis doch ein paar Nüsse zu knabbern, geht zwangsläufig unter, weil in einer Walnuss eben keine kleine Überraschung steckt, und wenn, handelt es sich höchstens um einen Wurm oder einen verschrumpelten, verschimmelten Kern, der nicht mal einen Schimmelkäsefan begeistert.

Nein, gegen Süßigkeiten stinkt alles andere ab. Es heißt, das kindliche Gehirn sei zwingend auf die Zufuhr von Blutzucker angewiesen, der aus Stärke oder Zucker in der Nahrung stammt. Weil das Gehirn im Kindesalter wesentlich schneller als der Rest des Körpers wächst, verbraucht das Nervensystem viel Zucker.

Mein Sohn glaubt fest an das Gute in der Süßigkeit. Ich will ihn nicht darin bestärken, sonst hätte ich ihm von diesem Experiment amerikanischer Psychologen erzählt: Die Wissenschaftler ließen Kinder in ein Grad kaltes Wasser greifen. Sie testeten, wie lange die Versuchspersonen den Schmerz ertrugen, einmal mit dem Mund voll Zuckerwasser, einmal mit ungesüßtem Wasser. Hatten die Kinder den Mund voller Zuckerwasser, konnten sie ihre Hände länger in der kalten Flüssigkeit lassen. Süßes senkt also das Schmerzempfinden. Bei den Müttern wirkte das Zuckerwasser nicht.

Die Liebe zu den Osterhasen lässt sich auch so erklären, dass die Geschmacksknospen für »süß« auf der Kinderzunge ausgeprägter sind als die für »sauer«, »salzig« und »bitter«. Muttermilch ist süß – kein Wunder also, dass die Kleinen später gern Cola nuckeln und an Weingummis lutschen.

Nach einer Theorie von Evolutionsbiologen kann die Vorliebe für Süßes auch eine überlebenswichtige Schutzfunktion gehabt haben: Verdorbene Nahrung schmeckt nicht süß, sondern bitter oder sauer. Na ja – für eine Neandertaler-Familie mag das vielleicht zugetroffen haben, aber die Ausrede, nur Gummibärchen seien garantiert ungiftig, lasse ich nicht gelten.

Und wenn mein Sohn irgendwann anfängt, Pro-Süßigkeiten-Studien zu zitieren, werde ich mit dieser Arbeit des Monell-Zentrums in Philadelphia kontern: Säuglinge, denen drei Monate lang eine leicht bitter schmeckende Ersatznahrung gefüttert wurde, konnten sich später mit bitterem Essen anfreunden. Der Kampf für Käse und Sushi ist noch lange nicht verloren.

# Busenfreunde

Väter lieben etwas an ihren Frauen, das auch ihre Kinder
sehr gern haben – ein grundlegender Konflikt

Liebe Frauen, liebe Gleichstellungsbeauftragte, liebe
»Emma«-Redaktion – bitte glauben Sie mir, dieser
Text ist nicht frauenfeindlich gemeint, im Gegenteil. Liebe Kinder, bitte zuhören: Ich will euch eure Mama nicht
wegnehmen. Liebe Psychologen – bitte betrachten Sie
mich nicht als pathologischen Spezialfall, den Sie sofort
Ihren Studenten vorführen müssen.

So, nachdem dies geklärt ist, kann ich es ja zugeben.
Ich mag, äh, nun ja, direkter gesagt: Ich liebe Frauenbrüste. Ja, ich bin ein begeisterter Busenfreund. Und ich glaube behaupten zu
können, dass ich kein Einzelfall bin. Vielen Männern, speziell Familienvätern, geht
es ähnlich wie mir, das weiß ich aus zahlreichen Fachgesprächen.

Meine Vorliebe ist, objektiv gesehen, nicht sonderlich
verblüffend, denn als Säugetier muss man Brüste einfach
mögen. Diese runden, warmen Rettungsinseln sind die

erste und wichtigste Nahrungsquelle, ohne die man als Mensch nicht überleben würde.

Mit anderen Worten: Die Fixierung auf runde Hügel ist tief in der Psyche des Menschen verwurzelt. Bei manchen Männern lässt diese fixe Idee selbst dann nicht nach, wenn sie längst an Bierflaschen saugen und die Ernährung von Muttermilch auf Pizza und Chips umgestellt haben.

Nicht nur als Nahrungsquelle für Babys ist der Busen unersetzlich, auch aus ästhetischen Gründen möchte man nur ungern auf ihn verzichten. Es ist mir übrigens völlig egal, ob die Brüste in einem Dirndl zur Geltung kommen, unter einem engen T-Shirt oder in einem Bikini, da bin ich ganz offen. Hauptsache, sie sind da. Aber für wen sind sie eigentlich da? Hier beginnt das Problem. Denn die wunderschöne doppelte Erscheinung hat auch eine Doppelfunktion. Die erste Funktion ist, wie gesagt, das Stillen von Säuglingen mit Muttermilch. Biologen sagen, dass die weiblichen Brüste darüber hinaus ein »speziell menschlicher Sexualdimorphismus« sind und ihre Anziehungskraft auf potenzielle Partner eine weitere wesentliche Funktion ausmacht.

Dem würde ich absolut zustimmen, ich würde das Ganze allerdings wesentlich schlichter ausdrücken. Bei Familien mit kleinen Kindern ergibt sich aus dieser Doppelfunktion folgendes Problem: Alle sind scharf auf den Busen, wenn auch aus unterschiedlichen Gründen. Die stolze Besitzerin der begehrten Objekte fühlt sich entweder als Tankstelle oder als Sexobjekt missverstanden. Denn: Wenn der Wohlfühl-Pegel des Babys sinkt, darf es sofort auftanken. Wenn dagegen der Wohlfühl-Pegel des Mannes sinkt, muss er meistens warten.

Bei den meisten Vätern, die ich kenne, entsteht dadurch ein deutlicher Busenneid. So wie fast alles bei dieser Geschichte tritt übrigens auch der Busenneid doppelt auf.

Einerseits ist da der Neid auf das Kind, das völlig legal und zu jeder Tages- und Nachtzeit an den Busen darf, ohne vorher Blumen mitzubringen, sich im Haushalt nützlich zu machen oder lange romantische Gespräche führen zu müssen. Andererseits gibt es den Neid auf die Frau – schließlich verfügt sie über ein wunderbares Liebes- und Ernährungsorgan, von dem wir Männer nur träumen können.

Das sah der gute Sigmund Freud bekanntlich ganz anders. Eine der meist bezweifelten Theorien des alten Mannes ist ja die vom sogenannten Penisneid (der Frauen). Was für ein Quatsch! Warum sollte ein Mädchen einen Jungen um etwas beneiden, das nicht annähernd so gesellschaftsfähig ist wie der Busen?

# Nihilismus, nein danke

Können sich Eltern vor Kleinkindern retten, die einfach
gegen alles sind? Natürlich nicht!

Hier wird es philosophisch: Nach Friedrich Nietzsche umfasst der Nihilismus alle Lebensbereiche, er
bewirkt die Entwertung der obersten moralischen Werte.
Noch radikaler definieren es Kinder im Alter von zwei,
drei Jahren. Kein Wunder: Der Philosoph hatte vielleicht
einige originelle Ideen zum Wesen des Seins an sich, aber
keine Kinder.

Während Nihilisten wie Nietzsche und Existenzia-
listen wie Camus und Sartre Tausende von Seiten lang
darüber nachdachten, ob Gott lebt und das Leben überhaupt einen Sinn hat, sind die Antworten, die man von
einem Dreijährigen bekommt, kurz und eindeutig. Wenn
ein kleiner Trotzkopf und sture Eltern daran beteiligt
sind, kann ein Gespräch über die einfachsten Dinge extrem existenzialistische Züge annehmen:

»Willst du Nutella?« – »Nein!« – »Marmelade?« –
»Neiin!« – »Käse?« – »Neiiin!« »Okay, dann sag mir bitte,
was du willst!« – »Neiiiiiiiiiiiin!«

Camus, Sartre und Nietzsche, die ewigen Miesmacher, sind oberflächlich im Vergleich zu manchem Kleinkind, das aus Prinzip alles verneint, verweigert und vereitelt: Aufstehen? Nein! Liegen bleiben? Nein! In den Kindergarten gehen? Nein! An der Hand gehen? Nein! Nicht an der Hand gehen? Nein!

Viele Eltern versuchen dem zu begegnen, indem sie ebenso verbissen »Ja« sagen. Ja zum Leben, Ja zu jedem Mist, den das Kind anstellt, Ja zu jedem Nein. Ja, was bleibt uns denn anderes übrig? Ignorieren hilft nichts, genauso trotzig »Nein« antworten noch weniger. Für ein »Mach doch, was du willst!« ist es leider noch 15 Jahre zu früh.

Versuchen wir also, auch dem schlimmsten Nihilismus-Anfall (Fäustchen ballen, auf den Boden trommeln) irgendwie positiv zu begegnen. Auch wenn es schwer fällt. Es gehören ziemlich gute Nerven dazu, Nietzsche  zu widerstehen, wenn er behauptet, Gott sei tot, die Menschheit am Ende und auch ansonsten alles ziemlich bescheuert.

Ein kleiner Geist, der stets verneint, macht den Alltag nämlich nicht unbedingt zum sinnerfüllten Dasein. Eine Freundin bei- spielsweise berichtete von dem Versuch, mit ihrer Zwei- jährigen Straßenbahn zu fahren: Erst wollte die Kleine nicht einsteigen, dann nicht mehr aussteigen. Beim an- schließenden Versuch, eine Straße zu überqueren, wollte die Tochter aus voller Überzeugung nicht bei Grün lau- fen, sondern nur bei Rot.

Anschließend gab es noch einen Streit über den Sinn der Freizeitbeschäftigung »Hundehaufenanschauen«, was zu einer fundamentalen Sinnkrise auf beiden Seiten führte. Das Kind fragt sich: Hat das Leben einen Sinn, wenn ich nicht hinschauen darf, wo ich will?

Die Mutter zweifelt: Welchen Sinn hat mein Leben, wenn ich meine ganze Energie darauf verwende, mit Zweijährigen über Hundehaufen zu debattieren?

Nietzsche spricht übrigens auch von der ewigen Wie- derkehr des Gleichen. Geschichte sei nicht finalistisch. Auf Deutsch: Es gäbe keinen Fortschritt und kein Ziel.

Das wollen wir nun aber ganz und gar nicht hoffen. Wir gehen doch davon aus, dass die Trotzphase irgend- wann vorbei ist. Und dass, wenn etwas Gras über die Hundehaufendebatte gewachsen ist, Mutter und Tochter wieder darüber lachen können.

Nein?

Doch! Doch! Doch!

# Leben ist Unordnung

Neue Erkenntnisse aus der Chaosforschung belegen
endlich: Auch unaufgeräumte Kinderzimmer sind schön.
Man muss nur den richtigen Blickwinkel finden

Das Weltall. Unendliche Weiten. Unglaubliche Mengen von Sternen. Unvorstellbare Entfernungen zwischen undefinierbaren Materiewolken. Alles in allem: eine unfassbare Unordnung. Irgendwo mittendrin in diesem Sauhaufen: komische kleine Gestalten, die denken, sie wüssten, wo es langgeht.

In Wirklichkeit haben wir Menschen – wir Eltern – natürlich keine Ahnung, wo im Universum oben und unten ist. Trotzdem maßen wir uns an, unseren Kindern vorzuschreiben, dass Legosteine in die Legokiste, Turnsachen in den Turnbeutel und Zahnbürsten in den Zahnputzbecher gehören. Weil wir meinen, alles müsse seinen Platz haben.

Die folgende Frage klingt naiv, aber Kinder stellen sie zu

Recht: Was soll der ganze Ordnungsfimmel? Oder, wie es mein Sohn ausdrückt: »Warum muss ich immer aufräumen, das bringt doch nichts!«

Ich sage es ihm nicht direkt, das wäre pädagogisch unklug, aber im Prinzip liegt er richtig. Gesamtkosmisch betrachtet, sind die Versuche des Menschen, das allgemeine Chaos zu bekämpfen, absolut lächerlich. Aber sie geben ihm ein Gefühl von Sicherheit.

Wenn man festlegt, wohin der Joghurtbecher gehört und wohin die Buntwäsche, dann scheint auch der eigene Platz im unübersichtlichen Leben ein kleines bisschen präziser bestimmbar zu sein. Handtücher kommen zum Beispiel in den weißen Wäscheeimer, Jeans in den blauen. Hasenfähiges Biomaterial (Brot, Kartoffelschalen, Karotten- und Salatreste) in die rote Plastikschüssel, biotonnentaugliches Glibberzeug in die weiße. Die Zeitung liegt, im Idealfall in der Reihenfolge der Ressorts gefaltet, in der Küche auf der Fensterbank.

Vom Stern Epsilon Aurigae aus betrachtet, mag das wurscht sein (sogar so was von wurscht!), aber die Erdlinge können sich über solche Details wunderbar streiten. »Warum soll ich mein Zimmer aufräumen, wenn's morgen schon wieder unordentlich ist?«, fragt mein Sohn. Aus physikalischer Sicht ein logischer und nachvollziehbarer Einwand.

Ein Naturgesetz scheint zu sein, dass Erwachsene das Durcheinander stets vermeiden wollen, während Kinder zum Chaos eine enge, intuitive Beziehung pflegen.

Eltern würden es als Schlamperei bezeichnen, wenn Matchboxautos, Stofftiere, Comics und Eisenbahnschienen gleichmäßig im Raum verteilt wären. Doch wahrscheinlich unterliegen diese Dinge wie alle anderen Partikel dem natürlichen Gesetz der Diffusion – so nennt man den Vorgang, bei dem sich mikroskopisch kleine Teilchen in Flüssigkeiten oder Gasen frei ausbreiten, bis sie gleichmäßig im Raum verteilt sind.

Früher bedeutete Chaos für die Menschen Unordnung, Elend, Gefahr. Doch diese Sicht ist überholt. Moderne Chaosforscher entdecken im Kuddelmuddel längst nicht mehr nur Schrecken, sondern auch Schönheit. Statt trostloser Verwirrung sehen sie im Chaos die »Handschrift des Lebens«. Ohne chaotisch brodelnde Ursuppe, zusammenstoßende Planeten und unaufgeräumte Meere wäre auf unserem Planeten wohl kein ordentliches Leben entstanden. Und dann ärgern wir uns, dass im Kinderzimmer ein paar Sachen herumliegen! Es ist erstens uferlos, zweitens universell unerheblich und drittens überflüssig, eine Ordnung herstellen zu wollen, die im Weltall nicht vorgesehen ist. Ordnung ist das halbe Leben, Unordnung das ganze.

# Total abgefahren

Wer sein Kind liebt und andere ganz gern mal
beeindruckt, der schiebt. Bloß womit?

Der Bertini Shuttle liegt in der Kurve wie ein Porsche Cayenne. Der Leichtbaurahmen aus eloxiertem Aluminium macht das Fahrzeug leicht und gleichzeitig stabil. Dank seiner einzigartigen Vierradlenkung wirkt das Kurvenverhalten des Bertini extrem sportlich und gleichzeitig so komfortabel wie bei einer Luxuslimousine. Die kugelgelagerten Räder lassen das Fahrzeug ruhig durch die Landschaft gleiten. Hoher Komfort auch bei den Sitzen: Die Passagiere profitieren von einer stufenlosen Rückenverstellung bis zur Liegeposition. Etwas störend an dem ansonsten gelungenen Design der Luxuskarosse, das muss hier kritisch angemerkt werden, ist nur das etwas plump ausgefallene Einkaufsnetz.

Bitte entschuldigen Sie den Ausflug in die Welt der Autotester-Poesie. Sie lesen nicht »Auto, Motor & Sport«. Es hat mich nur gerade beim Blättern im Prospekt eines italienischen Sportwagenherstellers leicht aus der Kurve getragen.

Alles, was vier Räder hat, einen italienischen Namen trägt und vielleicht auch noch rot ist, übt eben eine magische Anziehungskraft auf Männer aus. Ferrari. Maserati. Bertini Shuttle. Da die meisten Menschen sich allerdings keinen Ferrari leisten können, möchten sie sich ihre Träume wenigstens im Kleinen erfüllen – in der Kinderwagenklasse.

Mobilität ist ja extrem wichtig in unserer Gesellschaft, heißt es. Man kann gar nicht früh genug damit anfangen, sich wie irre von einem Punkt zum anderen zu bewegen. Am besten brummend, auf Rädern. Und am allerbesten schon zu einem Zeitpunkt, an dem man noch keinen Führerschein hat. Ich spreche hier nicht vom ersten Dreirad oder dem ersten Mofa. Es geht darum, schon von Geburt an zu beeindrucken – mit einem möglichst tollen Wagen.

Soll es ein sportlicher Buggy sein, ein trendiges Jogging-Dreirad, ein stylischer Oldtimer oder dann doch eher das Luxusmodell mit allen Schikanen?

Frühere Generationen unterschieden noch den »Korbwagen« und den »Sportwagen« als erste Schiebefahrzeuge. Heute kann schon der schlichte »Babyjogger« – so heißt das dreirädrige Mobil im Geschäft für laufende Eltern – praktisch alles. In die klappbare Wanne mit Aluminiumgestell lassen sich Mücken-, Sonnenschutz und gepolsterte Matratze für die ersten Ausfahrten ihres Nachwuchses einbauen. Wenn der dann nicht mehr liegend auf großen 16-Zoll-Rädern und mit gefederter Hinterachse unterwegs sein muss, wächst die Sitzposition mit Blick voraus vierstufig mit. Hört sich kompliziert an, ist aber noch eine eher einfache Lösung.

Man kann sich ja so richtig hineinsteigern in den Kinderwagen-Kauf. Ich kenne werdende Eltern, die um den fahrbaren Untersatz ihres Ungeborenen mehr Tamtam machen als um das Kind selbst. Luxus-Wagen mit hydraulischer Federung, Sportreifen und aerodynamischer Haube kosten so viel wie ein Familienurlaub, sind Statussymbole, Miniatur-Mercedesse ... und irgendwie peinlich.

Die Eso-Variante, das Baby in einem handgeknüpften Indiotuch zu tragen, bis es groß genug ist, den Schulbus zu nehmen, geht leider auch nicht. Wir leben nun mal in einer automobilen Gesellschaft, und in der ist und bleibt man ohne vierrädrigen Untersatz eine Null. Ein Anachronist. Ein Öko-Spinner. Ein Konsumverweigerer. Wer den Aufschwung will, wird ja wohl auch bereit sein, 800 Euro für ein Baby-Transportmittel auszugeben. Denn wer sein Kind liebt, der schiebt.

# Familiäre Schlüsselfragen

Leben mit sieben Siegeln: Manche Familie fühlt sich
gefangen im Schlüssel-Schlamassel

Bei uns hat jeder eine spezielle Begabung. Der eine kann bravourös den Hasenstall ausmisten, der andere kann super ausschlafen, der nächste prima putzen, ein anderer kann astrein Altglas wegbringen.

Aber keiner hat eine Schlüsselbegabung. Wir können alle nicht mit Schlüsseln umgehen. Ob Haustür-, Wohnungs- oder Inbusschlüssel – wir verlieren sie ständig alle.

Lediglich Schlüssel, die man nur lesen, aber nicht aufbewahren muss, wie zum Beispiel Notenschlüssel, haben eine Chance in unserer Familie. Oft kommt mir der Alltag vor wie ein Buch mit sieben Siegeln – und ich weiß nicht mal, wo ich die Schlüssel hingelegt habe, mit denen ich die Tür zur Erkenntnis aufbekomme.

Schlüssel haben es schwer bei uns. Sie werden immer

links liegen gelassen. Oder war es rechts? Sie werden verschlampt, verbogen, verloren, vergessen.

Bei mir ging es schon in der Kindheit los. Ich hatte mir nie etwas gebrochen, aber dann bin ich einmal mit einem Klappfahrrad einen Berg hinuntergesaust, das Rad klappte auf – und was ging dabei kaputt? Mein Schlüsselbein. Seitdem habe ich ein gespaltenes Verhältnis zu Schlüsseln (auch zu Beinen, das ist aber eine andere Geschichte).

Meine Frau ist der Schlüsselschussel schlechthin. Sie ist der Typ Mensch, der den Schlüsselbund in der Haustür stecken lässt, mit dem Auto losfährt, auf der Autobahn überlegt, ob die Herdplatte noch an ist, in der Handtasche das Handy sucht, ahnt, dass es zu Hause auf dem Schreibtisch liegt, umdreht, in die Wohnung geht, wieder wegfährt, abends nach Hause kommt und den Schlüssel über Nacht an der Tür hängen lässt.

Unsere Kinder sind genetisch also vorbelastet, ihnen fehlt ein entscheidender Abschnitt eines wichtigen Schlüsselgens. Als unsere Tochter ein Jahr alt war, spielte sie mal mit dem Autoschlüssel, während wir bei ihrer Uroma zu Besuch waren. Als wir heimfahren wollten, war der Schlüssel weg – verschwunden in einer Omawohnung voller Krimskrams.

War der Schlüssel unter einer Häkeldecke? In der geblümten Porzellankanne? Unter dem Sofapolster? Unsere Tochter fand es lustig, dass wir ihr so aufgeregt Schlüsselfragen stellten, aber antworten konnte sie nur mit »Dada« und »Nana«.

Was machte meine Frau? Gab dem Kleinkind einen anderen Schlüssel! Und forderte es auf, diesen auch zu verstecken. Die Kleine wackelte kichernd los und warf den Schlüssel in eine Vase – in der auch der Autoschlüssel lag.

Unser Sohn liebt es, mit dem Autoschlüssel seines Opas zu spielen. Immer wieder lässt er den Klick-Schlüssel rhythmisch auf- und zuklappen, bis er keine Lust mehr hat. Danach verschwindet der Schlüssel unter irgendwelchen Sachen, oft tage- und wochenlang, und der Opa muss den Ersatzschlüssel benutzen. Neulich war auch der weg, und der Opa zog den Superjoker, seinen Spezialgeheimsondererersatzschlüssel. Nachdem auch dieser von dem Jungen verschlampt war, stellte der Opa ein Ultimatum: Entweder Zimmer aufräumen und Schlüssel finden (anstrengend) oder einen neuen bezahlen (teuer). Siehe da, die Schlüssel fanden sich unter dem Sofa. Vielleicht ist das Missverhältnis zu Schlüsseln ja auch unser Schlüssel zum Glück. Vielleicht fühlen sich nur die wirklich frei, die keinen Schlüssel haben, weil sie ihn nicht mehr finden. Wir könnten nie Schlüsselkinder haben, denn unsere Kinder würden mittags vor verschlossenen Türen stehen.

Unsere Tür steht immer allen offen. Das muss so sein, denn wenn wir sie absperren würden, käme keiner mehr rein oder raus, weil wir den Schlüssel nicht mehr finden.

# Wir bauen uns einen Einstein

Seit Neuestem gibt es Lernbücher und -DVDs schon für Babys. Was könnte bloß aus den Kindern werden!

Wer möchte, dass aus seinem Kind später ein Quantenphysiker, ein Bestsellerautor oder auch nur ein Papst wird, der kann nicht früh genug mit Fördermaßnahmen anfangen. Die übliche Laufbahn – Grundschule, Elitegymnasium, Doppelstudium, Professur, Nobelpreis – dauert ja viel zu lange.

Der Weg zum Weltruhm lässt sich abkürzen: einfach eine DVD einlegen und dem Kleinstkind das nötige Weltwissen auf direktem Weg ins Hirn einspielen.

Der schlaue Disney-Konzern hat die Multimedia-Reihe »Baby Einstein« auf den Markt gebracht. Schon sechs Monate alte Windelträger sollen durch DVDs, CDs und Bücher rechtzeitig auf Zahlen, klassische Musik und Fremdsprachen getrimmt werden.

Neben schlau machender Musik (»Baby Beatles«, »Baby Beethoven«) gibt es auch DVDs wie »Baby van Gogh« oder »Baby Neptun«, die »den Blick in die Welt der Farben und der Natur öffnen«. Die Förder-Bänder sind ähnlich gemacht wie die Teletubbies-Sendungen, nur mit ehrgeizigem Anspruch. Statt »Oh-oh« und »Winke-winke« erklingen Musikstücke und Kinderverse auf Hebräisch, Spanisch, Italienisch, Deutsch, Französisch, Englisch oder Russisch.

Und wir haben unseren Kindern noch so altmodisches Zeug wie »Bi-Ba-Butzemann« vorgesungen! Das fanden sie zwar schön, aber ich fürchte, um später mal zur Nobelpreisverleihung meines Sohnes eingeladen zu werden, hätte ich mehr bieten müssen. Wenigstens Elvis für Babys. Die CD mit den größten Hits des Kinder-Kings kombiniert Baby-Brabbeln mit Spieluhrklängen und süßlich gesummten Melodien, einschließlich »That's Alright, Mama«.

Findige Frühförderer gehen aber heute schon einen Schritt weiter – und bieten eine CD für die Zeit unmittelbar vor der Geburt an. Die Pränatal-Platte aus der Reihe »Babies Music« liefert den nötigen Gebär-Groove; das Stück »Brightness« mit aufstachelnden Flügelhorn-Fanfaren und einem regelmäßig gesummten »hmm, hmm, hmm« soll die Bindung zwischen Mutter und Kind stärken.

Mir würden übrigens auf Anhieb jede Menge neue Trainingsprogramme einfallen: Baby Schinkel (Wie türme ich Bauklötzchen aufeinander?), Baby Napoleon (Wie mache ich ordentlich Bumm-bumm, bis ganze Welt putt ist?), Baby Benedikt (Wie mache ich weißen Rauch?), Baby Barnard (Wie pflanze ich meinem Teddy ein Puppenherz ein?) oder Baby Freud (Wie liebe ich meine Mami?).

Hätte es all das nur vor ein paar Jahren schon gegeben! Als meine Kinder noch im Säuglingsalter waren. Vielleicht hätten sie schon im Kindergarten Chinesisch gekonnt, ein Perpetuum mobile erfunden, sich als Börsengurus durchgesetzt und die Filmrechte für ihren ersten Roman an ein Hollywoodstudio verkauft.

Und ich müsste mein Geld nicht mehr mühsam mit Schreibarbeiten verdienen.

# Legofreie Zone

## Angesichts wachsender Spielzeugberge wäre manchmal eine radikale Bauklotz-Diät angeraten

Manchmal beschleicht mich das Gefühl, umzingelt zu sein. Ganze Armeen von Playmobilfiguren kreisen mich ein. Um mich herum wuseln Herden von Stofftieren. Mauern aus Lego schneiden mir den Fluchtweg ab. Fluchtfahrzeuge gäbe es zwar zu Hunderten und Tausenden, sie sind aber alle viel zu klein. Selbst wenn es mir gelänge, mit einem Plastikbagger eine Schneise durch dieses Chaos zu schlagen – der Weg würde vor einem unüberwindbaren Gebirge aus weiterem Spielmaterial enden.

Offen gesagt: Bei uns gibt es zu viel Spielzeug. Auf jedes unserer zwei Kinder kommen, statistisch gesehen, 2,47 Millionen Einzelteile, die der Erbauung, Zerstreuung und Verschandelung der Wohnung dienen. Dazu 1,2 Millionen Gummibälle, Kauknochen, Sockenreste und Schuhe, mit denen unser Hund spielt, und 1,1 Millionen Mäuse-Attrappen, Kratzkissen und Lammfellfetzen, mit denen unsere Katze spielt.

Spielen ist ja an sich eine schöne Sache. Aber Spielsachen können einen psychisch und physisch erdrücken, wenn sie in Massen auftreten. In der Spieltheorie, einem Teilgebiet der Mathematik, ist viel von Strategien, Kooperation und Lösungskonzepten die Rede. Die Ludologen, so heißen die Spielforscher, haben gut lachen, denn sie spielen das meiste nur theoretisch durch. Sie können stundenlang über »Verhandlungsgleichgewicht« und »Min-Max-Menge« philosophieren, ohne je ein verwüstetes Zimmer aufräumen zu müssen.

Meine eigene Spieltheorie ist unkompliziert und radikal. Verhandlungsgleichgewicht kann man mathematisch ausdrücken, man kann es aber auch einfach so sagen: Wenn das Piratenschiff mitsamt den 517 Kleinteilen nicht sofort aus der Badewanne verschwindet und ins Regal geräumt wird, landet es im Müllsack. Das klingt fies, aber fies ist auch das Gefühl, wenn einem der Minisäbel des Oberpiraten so in den Po pikst, dass das mühsam erkämpfte Wellnessgefühl umgehend abstirbt.

Min-Max-Menge würde ich so definieren: Im Kinderzimmer muss ein minimaler Durchgang von der Tür zum Bett frei bleiben. Die Maximalmenge an Spielzeug ist dann erreicht, wenn dieser Weg nicht mehr erkennbar ist und keine Möglichkeit besteht, eine Schneise zu schaufeln, weil sich der Krempel in Regalen und unter Möbeln staut. Manchmal finde ich sogar im Kühlschrank Spielsachen, und im Küchenwaschbecken liegt statt Spülzeug ebenfalls Spielzeug.

Dann gibt es noch das Penzberger Modell. Es unterstellt: Wenn Kinder einen kritischen und bewussten Umgang mit ihrem Konsumgut erlernen, brauchen sie Spielzeug nicht mehr als Ersatz für andere Bedürfnisse, als Flucht aus unglücklichen Situationen. Teilweiser Spielzeug-Entzug als Sucht-Vorbeugung sozusagen.

Im Kindergarten haben sie immer mal wieder mit spielzeugfreien Wochen experimentiert. Phantasie und Kreativität sollten angeregt werden, indem alle Spielsachen in die Kammer verbannt wurden. Die Spielzeug-Ebbe führte dazu, dass frustrierte Vierjährige zu Hause ganz viel Trost von ihrem Stofftier brauchten.

Wir praktizieren das Penzberger Modell trotzdem, wenigstens zeit- und teilweise. Immer gliedern wir ganze Spielzeugbereiche aus und verbannen sie in den Keller. Nach ein paar legolosen Monaten holen wir die Kisten mit den Klötzen wieder hervor und räumen dafür die Playmobilfiguren weg. So bleibt die Faszination erhalten – und ich habe zumindest das Pseudogefühl, mich gegen die Übermacht der Spielzeugmassen durchzusetzen.

# Fragen Sie Dr. Mama!

Ob Schürfwunden oder Spinnenphobie – die Frau im Haus erspart den Kinderarzt. Das hat viel Gutes, aber auch kleine Nebenwirkungen

Gegen Ärzte habe ich nichts, aber ich bin auch nicht scharf darauf, sie kennenzulernen. Denn alles, was mit Kranksein, Unfällen und Sterben zu tun hat, macht mir Angst, besonders wenn es um meine Kinder geht. Wenn ich Blut sehe, wird mir schlecht. Schon eine Arztserie im Fernsehen kann zu viel sein.

Zum Glück ist meine Frau da genau das Gegenteil von mir: Sie ist geradezu versessen auf Arztserien, berät alle Freundinnen in Krankheitsfragen und besitzt eine beachtliche Auswahl an medizinischen Fachbüchern. Ekelhafte Bilder von Hautkrankheiten sind da zu sehen, grässliche Details, dazu Texte in unverständlichem Kauderwelsch. Sicher wäre sie eine hervorragende Ärztin geworden.

Ihren unerfüllten Berufswunsch lebt sie nun in der Familie aus, indem sie alles und jeden diagnostiziert und kuriert, selbst wenn er gar nicht krank ist. Da manche Freundinnen diese Rot-Kreuz-Leidenschaft mit ihr teilen, kommt es zu stundenlangen Ferndiagnosen am Telefon. Was sich vom Tonfall her wie nettes Geplauder anhört, ist in Wirklichkeit ein knallhartes medizinisches Fachgespräch: »Hat er eine Himbeerzunge?« »Nein, aber der Mund ist voller Schleim, und seine Augen sind ganz rot.« »Hat er Fieber?« »Das nicht, nur erhöhte Temperatur.« »Dann ist es wahrscheinlich kein Scharlach.«

Menschen, die uns besuchen, müssten streng genommen zehn Euro Praxisgebühr bezahlen, schließlich gibt es bei uns kaum eine Unterhaltung, die nicht irgendwann ins Patientengespräch umschwenkt. Bisweilen versuchen wir, über unverfängliche Dinge wie das Wetter, Musik oder das Fernsehprogramm zu reden, aber es nützt nichts – bald geht es um Verdauungsprobleme, Zysten oder Schleimhautentzündungen.

Es ist schon toll, wenn man eine Fachfrau in der Nähe weiß. Hätte ich zum Beispiel eine Spinnenphobie, psychisch bedingten Haarausfall oder ein Furunkel hinter dem Ohr – Frau Dr. Mama wüsste gegen alles ein Mittelchen. Schürfwunde? Erst mal Arnika-Kügelchen geben, das kann nie schaden. Zahnschmerzen? Chamomilla in Kugelform! Trockener Husten? Zwiebeln kochen, den stinkenden Matsch in Tücher einwickeln und um den Hals legen. Schnupfen? Tuch mit Teebaumöl kräftig einstinken, um den Hals wickeln. Wobei man sagen kann, dass stinkende Sachen, schön fest um den Hals gewickelt, fast immer gut sind.

Wenn ich jeden medizinischen Tipp, den sie an Freunde und Familienmitglieder weitergibt, in Rechnung stellen würde, könnte ich mich mit 40 zur Ruhe setzen und nur noch Golf spielen und in St. Moritz Ski fahren, wie das alle pensionierten Mediziner tun.

Doch die Hausmedizin hat auch ihre Grenzen. Amputationen, komplizierte kieferorthopädische Eingriffe oder Blinddarmoperationen machen wir nicht, obwohl wir im Keller das nötige Werkzeug bereitliegen hätten. Aber die Risiken und Nebenwirkungen sind einfach schwer einzuschätzen.

Ansonsten vertraue ich meiner Frau voll und ganz. Auch dann, wenn sie weg ist, denn meist hinterlässt sie rezeptartige Anweisungen: »Dreimal täglich 2 ML«, schrieb sie mir mal auf und legte den Zettel neben eine Flasche mit einem Antibiotikum. Ich maß akkurat ab und flößte dem kranken Kind die Medizin fachgerecht ein. Als

Frau Doktor nach Hause kam, stellte sie sofort fest, dass ich etwas falsch gemacht haben musste – die Flasche war noch zu voll. Ich hatte ML als Milliliter gedeutet. Dabei bedeutete es »Messlöffel«. Hätte ich lieber noch mal Frau Dr. Mama gefragt!

# Bilanz des Schreckens

Wir haben noch einmal Nachwuchs bekommen:
einen Hund namens Bruno. Das Leben wurde seitdem
nicht einfacher

Vor einem Jahr trat Bruno in unser Leben, ein irre süßer Welpe. Leider war er irgendwann kein Welpe mehr, sondern nur noch irre. Es war wie bei Knut, dem knuddeligen Eisbären. Aus unserem Schmusetier wurde ein ziemlich großes Biest. Ein richtiger Hund, der allein durch heftiges Schwanzwedeln komplette Wohnungseinrichtungen in Schutt und Asche legen kann. Bruno, der Heulen und Zähneklappern unter Joggern, Katzen und Krähen verbreitet. Bruno, der Problemhund, der sich vor bayerischen Jägern in Acht nehmen muss, weil er von seiner Größe und seinem Verhalten her leicht mit einem marodierenden Braunbär zu verwechseln ist.

Vor einem Jahr, als es um eine Entscheidung für oder gegen Bruno ging, war ich der Einzige, der keinen Hund wollte – und die möglichen Folgen drastisch an die Wand malte. Nie mehr Urlaub! Angst und Schrecken! Alles kaputt!

So ungefähr kam es dann auch. Selbst unsere Kinder sehen die Sache mit dem Wauwau inzwischen etwas realistischer. Es ist nämlich so: Kleine Kinder und kleine Tiere, das geht möglicherweise ganz gut. Zwerghasen, Zwergkaninchen, Zwergspitzmaus, Zwerglangzungenflughund sind für Kinder gut geeignet. Bruno ist aber kein Zwerghund, sondern ein Labrador. Er ist innerhalb eines Jahres komplett unzwergig worden. Im Zeitraffer hat er sich zu einem 35 Kilo schweren, bullenstarken Riesenvieh entwickelt.

Anfangs wollten die Kinder beinahe stündlich mit Bruno Gassi gehen, bis es dem Tier fast zu viel wurde. Nach zwei, drei Wochen ließ die Begeisterung der Kinder etwas nach. Dann kam die Phase, in der Bruno gleich groß und stark wie die Kinder war, sodass sie nicht mehr allein mit ihm aus der Wohnung gehen konnten. Sie wären sofort in den gegenüberliegenden Supermarkt gezogen worden, und zwar auf direktem Weg zur Fleischtheke.

Mittlerweile ist Bruno so stark, dass ihn ein Erwachsener gerade noch halten kann. Er geht regelmäßig in die Hundeschule, mit einem erwachsenen Erziehungsberechtigten, und wenn er sich ein bisschen anstrengt und fleißig Hausaufgaben macht, dann ist die Versetzung nicht gefährdet.

Das Erstaunliche ist, dass mit Bruno tatsächlich zwar alles kaputt, aber trotzdem irgendwie besser ist als ohne Bruno. Wenn man die Kinder heute fragen würde, ob sie lieber auf den neuen iPod Nano oder auf Bruno verzichten wollten, müssten sie immerhin eine Weile nachdenken. Bruno und ich sind jetzt die allerbesten Freunde. Wir stehen jeden Morgen gemeinsam auf, gehen zusammen ins Bad, frühstücken und gehen dann eine Runde joggen. Abends freut er sich wie ein Irrer, wenn ich heimkomme, schaut mit mir zusammen Fußball und isst auch gern Chips. Wir machen zusammen in den Bergen Urlaub, während Frau und Kinder in New York weilen. Man kann also schon noch in die Ferien fahren, wenn man einen Hund hat, bloß nicht mehr zusammen. Und wer möchte schon nach New York? Dort gibt es ja nicht mal Güllefelder, auf denen man sich wälzen könnte.

Für die Kinder ist Bruno trotzdem ein wichtiges Familienmitglied. Ein Kumpel, den sie ab und zu umarmen und mit dem sie im Garten Ball spielen. Es reicht ihnen, dass er einfach da ist, vor sich hin schnarcht, aus tiefstem Herzen seufzt und in die Küche schlurft, wenn er Hunger hat oder Durst. Bruno benimmt sich halt wie ein ... wie heißen noch mal diese dicken, gemütlichen, familientauglichen Viecher ... wie ein Vater. Kein Wunder, dass Bruno und ich uns so gut verstehen.

# Brrm!

Jungs lieben Bagger und Autos so sehr, dass sich die
Frage nach einem Geräte-Gen stellt

Ich bin nicht groß und stark. Mein Beruf ist weder Feuerwehrmann noch Pilot. Trotzdem bin ich für kleine Jungs in der Nachbarschaft so etwas wie der King. Das liegt an meinem Rasentraktor. Ein blaues Gefährt mit zehn PS, sechs Gängen, Gashebel, Fußbremse und höhenverstellbarem Mähwerk. Im Winter schraube ich die Grasauffangbehälter ab und bringe ein Schneeschild an, um den Hof mit dem Traktor zu räumen. Ein Traum, dieser Traktor.

Kleine Kinder aus dem Dorf, besonders die Jungen, kommen uns gern besuchen. Sie sitzen dann eine Weile auf dem Traktor und sagen »Brumm-Brumm«. Ich müsste nur einen Euro pro Traktor-Sitzung verlangen und könnte aufhören zu arbeiten. Andererseits wäre das Ausbeutung kindlicher Instinkte. Denn Jungen werden von Traktoren, Muldenkippern, Schaufelradbaggern und ähnlichem Gerät magisch angezogen. Schuld ist wohl ein rätselhaftes Bagger-Gen. Das menschliche Genom ist ja nur zu 99 Prozent entschlüsselt. Im bislang unentschlüsselten Prozent muss eine Gen-Sequenz versteckt sein, die nur bei männlichen Wesen vorkommt und sich ungefähr so liest: B-R-R-M, R-R-R-M, M-B-R-R.

Die bislang völlig unerforschten Aminosäuren Baggerotin, Rumpelocyn, Rauditin und Motoritin, kurz B-R-R-M, sind wahrscheinlich dafür verantwortlich, dass sich Jungen von Geburt an für Maschinen, Motoren, Bagger und Dampfloks interessieren.

Mädchen sagen so süße Dinge wie »Mama« oder »Wauwau«, wenn sie sprechen lernen. Das erste Wort vieler Jungs ist »Ato«. Das Auto, dieses große, glänzende Ding mit den vielen bunten Lichtern und dem beruhigenden Brummen, scheint schon in den ersten Lebensjahren zum Bezugsobjekt zu werden, lange bevor schöne Hobbys wie Lichthupen und Dichtauffahren möglich sind.

Eltern, die keine Söhne haben, sind manchmal schockiert über die Phänomene, die Geräte-Gene bei männlichen Kleinkindern auslösen. Ein Vater, der seine Tochter eines Nachmittags in der Krippe abholte, sah drei Jungs an einem Zaun stehen, die so laut kreischten, als hätten sie Todesangst. Entsetzt rannte er hin, weil er dachte, eines der Kinder habe sich am Zaun aufgespießt und verblute gerade. Das gänzlich unverletzte Trio grinste den Mann an und erklärte: »Wir spielen nur Bohrmaschine!«

In den Augen meiner Frau und anderer vernünftiger Menschen bin ich ein Kindskopf. Bloß, weil ich mir einen Jugendtraum erfüllt habe mit dem eigenen Rasentraktor. In den Augen meines Sohnes bin ich ein Held, besonders, wenn ich ihn mitfahren lasse. Egal, ob es etwas zu mähen gibt oder nicht, eine Rundfahrt auf dem Rasentraktor ist eine Riesensache, besser als ein Sommerurlaub.

Falls eine Traktor-Ausfahrt nicht möglich ist (schlechtes Wetter, kein Benzin, Schlüssel verloren), behelfen wir uns mit Sekundärliteratur. Die Bibel aller Zweijährigen heißt: »Bagger, Autos und Traktoren«, die Lieblingsfernsehsendung »Bob, der Baumeister«.

Gut informierte Mini-Bauleiter müssen ihr Wissen natürlich in der Realität überprüfen, was Jungs regelmäßig an den Rand von Baugruben und Mütter an den der Verzweiflung treibt. So erzählte mir die Mutter eines Dreijährigen, sie sei monatelang täglich zu einer U-Bahn-Großbaustelle gefahren, um den Bagger-Enthusiasmus ihres Kindes zu befriedigen. Als die U-Bahn endlich fertig war, machte sich bei der Mutter Erleichte-

rung breit, bei ihrem Sohn allerdings Verzweiflung. »Bag-
ga weg« war wochenlang der einzige Satz, den der Kleine
hervorbrachte. Jetzt gibt es Gott sei Dank eine lärmige
Großbaustelle in der Nähe. Es ist laut, sehr laut, es ist stau-
big, aber der Familienfrieden ist wiederhergestellt.

# Kuckuck! Daaa!

**Das beliebte Eltern-Kind-Versteckspiel mag
Eltern ermüden. Tatsächlich schreiben Experten ihm
eine tiefe Bedeutung zu**

Ein neugeborener Elefant kann schon eine ganze
Menge. Stehen, laufen, sogar trompeten. Viel mehr
muss er in seinem weiteren Leben nicht mehr lernen.

Menschenbabys können weder laufen noch stehen,
geschweige denn trompeten. Im Vergleich zu Elefanten
sind sie hilflose Würstchen, mit Haut und ihren wenigen
Haaren darauf angewiesen, dass da jemand ist, der sich
rund um die Uhr liebevoll um sie kümmert.

Der größte Schreck, den man einem halbjährigen
Menschenkind einjagen kann, ist folgender: einfach aus
seinem Blickfeld verschwinden.

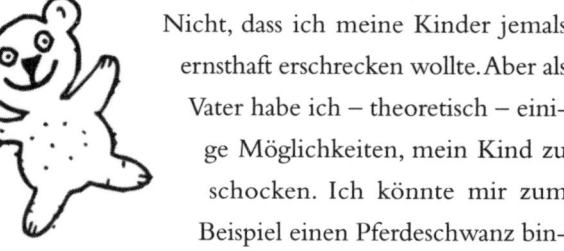

Nicht, dass ich meine Kinder jemals
ernsthaft erschrecken wollte. Aber als
Vater habe ich – theoretisch – einige Möglichkeiten, mein Kind zu
schocken. Ich könnte mir zum
Beispiel einen Pferdeschwanz bin-

den. Oder lauthals »I will survive« singen. Oder Kasa-tschok tanzen.

Alles nicht nötig – es genügt, sich die Hand vors Gesicht zu halten. Dann glaubt das Baby nämlich garantiert, dass der Vater verschwunden ist.

Der Gag an dem allseits beliebten Ritual: Nach ein paar Sekunden taucht der verschwunden geglaubte Erwachsene wieder auf. Und der Trennungsschmerz löst sich in Wohlgefallen auf.

Dieses Verhalten sei ganz normal, schreibt die Bundeszentrale für gesundheitliche Aufklärung: »Schon bald begreift das Baby die Angst als Spielspannung und freut sich an ihr«, heißt es in einer informativen Broschüre über Kleinkindentwicklung.

Aus Sicht eines Vaters lässt die Spannung nach dem 3523. »Kuckuck« allerdings ein wenig nach. Man kommt sich eher vor wie im Film »Und ewig grüßt das Murmeltier«.

Für Erwachsene mag das ewige Wiederholen ermüdend sein, für die kindliche Entwicklung ist es von größter Bedeutung. Hinter Vorhang oder vorgehaltenen Händen verbirgt sich nicht nur Mamas oder Papas Gesicht, meint der Religionssoziologe Peter L. Berger, sondern ein »kosmisches Versteckspiel« des verschwindenden und wiederkehrenden Erlösers, ein »Signal der Transzendenz«.

Die Komik und das befreiende Lachen des Kuckuckspiels sind für Berger »sichtbare Zeichen unsichtbarer Gnade«!

Wie leicht haben es dagegen doch die jungen Elefanten. Sie trompeten, trampeln, mampfen tonnenweise Gras und freuen sich des Lebens. Elefantenmama und -papa sind viel zu groß, um sich irgendwo zu verstecken. Und die metaphysische Bedeutung ihres Daseins ist den Tieren wahrscheinlich schnurz, solange sie genug zum Futtern finden.

Dem Baby vermutlich auch. Einem Kind ist zunächst mal wichtig, dass der Kuckuck-Sager immer wieder auftaucht, was in der Regel ja auch geschieht. Okay, zugegeben, manche Väter machen tatsächlich »Kuckuck« und verduften dann für Jahre, manchmal für immer. Vielleicht sitzt diese Urangst vor dem Verschwinden des Papas tief in jedem Baby. Die Kleinen glauben tatsächlich, dass sich dieser Typ in Luft auflöst, wenn er sein Gesicht kurz hinter einem Handtuch versteckt.

Kuckuck, liebe Kinder! Soll ich euch mal was verraten? Eines Tages, spätestens in zehn bis zwölf Jahren, seid ihr wahrscheinlich sogar froh, wenn ihr den Alten mal eine Weile nicht mehr seht. Ihr werdet das sicher beide gut verkraften, denn: Ganz verschwinden können Eltern nie. Auch wenn man sie mal nicht sieht, sind sie einem ganz nah.

# Servicewüste Familie

Ist Kinderarbeit wirklich immer illegal? Könnten
die Kleinen nicht wenigstens den Tisch abräumen?
Ab und zu. Bitte!

Help! Ich fühle mich wie ein Beatle. Aus mir heraus
singt es: »Help! I need somebody, you know, not
just anybody! He-he-help!« Die Unterschiede zwischen
mir und den Beatles liegen leider auf der Hand. John,
Paul, Ringo und George konnten besser singen als ich,
sahen besser aus und mussten nur in ihren Songs um
Hilfe betteln, woraufhin ihnen auch noch Frauen, Tee-
nies und Kinder zujubelten. Mir jubelt beim Stichwort
»Hilfe« keiner zu, sosehr ich mich auch bemühe, es wie
einen Hit klingen zu lassen. Die üblichen Reaktionen auf
meine Appelle hören sich so an: »Och nöö!« »Menno!«
»Immer ich!«

Es geht nicht darum, dass die Kinder 1000 Kugelschreiber pro Stunde zusammenschrauben, für skandinavische Möbelhäuser Teppiche knüpfen oder mit ihren zarten Händchen Baugruben ausheben müssten. Nein, ich wäre schon zufrieden, wenn sie nach dem Essen ihre Teller in den Geschirrspüler räumen würden. Oder mal die Katze füttern. Oder eine Flasche Wasser aus dem Keller holen. Aufgaben also, die mit den Statuten der UNICEF, der Menschenrechts-Charta und den Zehn Geboten vereinbar sind. Aber unsere Lieben tun so, als sei jede kleine Aufforderung ein Fall für Amnesty International.

Durch das Erledigen kleiner Aufträge »erhalten Kinder viel Zuwendung und gehen fröhlich und stolz ihren Aufgaben nach«, behauptet die Sozialpädagogin Beate Weymann-Reichardt in ihrem »Familienhandbuch«. Auf diese Art und Weise gehe die Kindheit langsam ins Erwachsenenalter über.

Aus Sicht der Kinder ist gerade das der Haken. Sie wollen gar nicht langsam ins Erwachsenenalter übergehen, sondern Kinder bleiben, weil sie dann von den Erwachsenen bedient werden. Aber geben wir es ruhig zu: Auch Eltern sind hilfsbedürftig und wollen mal bedient werden.

Sie benötigen Unterstützung beim Tischabräumen, Tellerabtrocknen und Kinderzimmeraufräumen.

Wenn es schlecht läuft, sind wir die Dienstleister unserer Kinder, welche sich Nutella-Sandwiches, Kakao sowie mundgerecht portioniertes Obst ans Sofa bestellen und die Mutter bitten, nicht so laut zu staubsaugen, weil das beim Fernsehen stört.

Wenn es gut läuft, ist man eine Art Chef vom Dienst, der Haushaltspläne aufstellt, Organigramme entwickelt, Arbeitsabläufe festlegt und dann etwa 99 Prozent seiner Lebensenergie darauf verwendet, auf die Einhaltung dieser Pläne zu achten. Erfahrungsgemäß strengt es weniger an, den Müll selbst rauszutragen.

Wie kriegt man seine Kinder bloß dazu, ein bisschen mit anzufassen? Nur ein bisschen?

Einzig durch zähe Verhandlungen. In endlosen Tarifrunden kungeln die Kinder immer neue Deals aus, und wenn man nicht aufpasst, ziehen sie einen über den Tisch. Mein Sohn z. B. stellt sich einen fairen Vertragsabschluss so vor: »Okay, wenn ich meinen Teller abräumen soll, dann muss ich aber auch nicht den Salat aufessen, bekomme ein Eis, darf länger aufbleiben, und du räumst mein Zimmer auf.« Kein Wunder, dass die Familie bei so einer Politik Servicewüste bleibt.

Also habe ich eine neue Partei gegründet, die SPD.

Die Spaß-Partei Deutschlands hat folgenden Haushalts-plan verabschiedet: Putzen, Tischabräumen, Kochen, Wä-sche aufhängen und Aufräumen ist grundsätzlich nur mit Musikbegleitung erlaubt. Nach dem Essen wird die Ste-reoanlage aufgedreht, dann geht alles leichter. Mein Sohn ist ein großer Beatlesfan. Am liebsten singen wir zusam-men »Help!«

# Hallo, hallo! Ist da jemand?

## Telefonieren mit Müttern ist eine sehr spezielle Herausforderung

Rufst du mich später mal an?« Eigentlich eine einfach zu erfüllende Bitte. Nur dann nicht, wenn sie von einer Mutter mit zwei Kindern kommt. Es ist wahrscheinlicher, den Papst an die Strippe zu kriegen als so eine Mutter.

Erster Versuch. Freizeichen. Aber niemand geht ran. Es klingelt eine Ewigkeit. Als ich gerade auflegen will, ertönt ein grauenvolles Geräusch. Hört sich an, als würde im Wohnzimmer meiner Freundin ein Scheiterhaufen brennen. Es knistert, es raschelt, es brutzelt, im Hintergrund hysterische Schreie einer erwachsenen Frau. Fackeln die Kleinen die Bude ab, während Mutti bewegungsunfähig in der Küche liegt? Ich kann noch die Worte »Keks« und »Sofa« aus dem Chaos herausfiltern, dann bricht die Verbindung auch schon ab.

Zweiter Versuch. Es meldet sich tatsächlich eine Stimme. Sie klingt wie ein Arabisch sprechender Frosch mit Halsschmerzen: »Chacho! Chacho! Chacho!« Satzfragmente wie »… mit vollem Mund« und »… hundertmal gesagt« sind zu hören, dann ist die Verbindung weg.

Dritter Versuch. Ich muss nur zwei Minuten warten, bis jemand den Hörer abnimmt. Diesmal höre ich ein Röcheln wie von einem obszönen Anrufer. Moment mal: Gibt's auch obszöne Angerufene? Irritiert lege ich auf.

Vierter Versuch. Ich höre ein Freizeichen, dann eine freundliche Frauenstimme: »Dieser Anschluss ist vorübergehend nicht erreichbar. Bitte versuchen Sie es später noch einmal.« Für heute gebe ich es auf.

Glaubt man den Werbekampagnen der Telefonanbieter, dann ist Telefonieren eine ungemein Spaß fördernde Sache. Wer viel telefoniert, kann lustige »Happy Digits« sammeln, was die Laune dermaßen steigern muss, dass das Gesicht des Telefonierers bald so aussieht wie ein Smiley-Button. Kurz: Telefonieren ist »das reinste Kinderspiel«. Deswegen macht Telefonieren schon den Kleinsten so viel Freude. Früher waren Telefonapparate große, komplizierte Geräte, die den Erwachsenen vorbehalten waren – ein Ferngespräch war etwas Kostbares. Jetzt sind die Telefone klein wie ein Überraschungsei und so einfach zu bedienen wie ein Gameboy. Deshalb wollen bereits Einjährige richtig ins Erwachsenentelefon sprechen.

So wie der kleine Anrufbeantworter meiner Freundin. Bei meinem erneuten Anrufversuch nimmt er ab, sagt

»Ajo!« und dann gar nichts mehr. Auf mein verzweifeltes »Hallo, ist die Mama da?« reagiert er mit einem seltsamen Schaben am Hörer. Wahrscheinlich hat er mit dem Kopf genickt. Auf meine Nachfragen reagiert er mit erneuten »Ajos« und heftigerem Schaben. Nach dem nächsten (Kichern, Rappeln, Leitung tot) und übernächsten (Rumpeln, Schreien, »Chacho?«, Leitung tot) wage ich einen letzten Versuch, meine Freundin an den Apparat zu bekommen. Da, endlich ist sie dran. Jetzt können wir uns mal so richtig aussprechen: »Du bist ja schwierig zu erreichen!« »Cha ... Simon! Lass jetzt endlich die Kleine in Ruhe!« Erbärmliches Geheule im Hochfrequenzbereich aus dem Hintergrund. »Also, wo waren wir stehen ... Simon, ich habe dir schon tausendmal ... nicht mit den Gummistiefeln aufs Bett!!!« Dreckiges Lachen von einem Knilch mit dreckigen Schuhen.

»Rufst du mich vielleicht ein bisschen später noch mal an? Im Moment geht es gerade nicht so gut.« »Ja, gern«, sage ich. – Telefonieren ist schließlich ein Kinderspiel.

# Der Weg ist zu viel

Denn Kinder wollen vor allem eins: ankommen.
Das kollidiert mit dem Wunsch ihrer Eltern, entspannt
in die Ferien zu starten

Menschen verfrachten, wann immer es geht, ihre gesamte Familie von A nach B. Selbst Eis und Schnee halten viele nicht davon ab, sich stundenlang in Autos zu setzen. Am Zielort steigen sie in Gondeln und Sessellifte, die sie auf Berge transportieren, von denen sie anschließend auf Skiern herunterrasen. Danach fahren die Menschen wieder stundenlang nach Hause. Das nennen sie Freizeitvergnügen.

Bei all dem Hin und Her kommt irgendwann die berechtigte Frage auf: »Wann sind wir endlich da?« Diese Frage ist so fundamental, dass sich sogar die Universität Dortmund damit beschäftigte. In einer Vorlesung der Fakultät für Raumplanung zum Thema »Wann sind wir endlich da?« hieß es: »Früher lebten die Menschen in einem engen familiären Verbund. Freunde und Verwandte wohnten gleich nebenan, der Laden zum Einkaufen lag um die Ecke. Veränderte Ansprüche an Lebens- und Frei-

zeitqualität haben zu immer längeren Wegen geführt.«
Okay, aber wie sage ich das einem quengelnden Kleinkind auf dem Rücksitz? Erfahrene Eltern wählen lieber
unverbindliche Formulierungen wie »gleich«, »bald« oder
»noch ganz lange«. Diese nicht ganz exakten Begriffe haben den Vorteil, dass sie großzügig ausgelegt werden können. Das ist aber auch gleichzeitig ihr Nachteil. Denn
während für einen Erwachsenen 45 Minuten unter die
Kategorie »bald« fallen, ist »bald« für einen Vierjährigen
in zweieinhalb Minuten. Das führt zu Konflikten mit er-
heblicher Geräuschentwicklung: »Wann sind wir endlich
da-haaaa?« »Ich sag's euch dann schon!« »Sind wir jetzt
da?« »Nein!« »Und jetzt?« »Ahhhhhrg!«

Während einer typischen Familienferienfahrt über die
Brenner-Autobahn in Richtung Süden war es mal besonders hart. Schneesturm, glatte Fahrbahn, rutschende Laster, Stau, meckernde Kinder auf der Rück-
bank, eine verzweifelte Frau auf dem
Beifahrersitz. Nach Stunden im Stau
versprach ich, bei der ersten Möglichkeit in Italien anzuhalten
und Pizza essen zu gehen.
Um glücklich zu werden,
muss man sich ja erreich-
bare Ziele setzen.

Allerdings hatten sich ca. 3800 andere Menschen das-selbe vorgenommen. Also runter von der Autobahn, rein in den nächsten Stau, der bis zur Pizzeria ging. Stau herrschte auch im Gastraum und in der Küche. Unser Sohn grummelte nur noch »Margherita und Cola«, als ich das Schild »Mittags keine Pizza!« las.

Glücklicherweise hatte ich meinen Sohn schon nach einer Stunde davon überzeugt, dass ein Schnitzel sicher auch ganz lecker sei. Der Kellner beantwortete die Be-stellung recht knapp mit dem Satz: »La cucina è chi-usa!« (Küche geschlossen!) Ich übersetzte frei mit »Das Schnitzel kommt gleich!« und musste anschließend etwa 150-mal definieren, was genau »gleich« bedeutet. Keine Ahnung, wo der Kellner dann doch noch den frittierten Fleischlappen aufgetrieben hat, aber alle waren sehr, sehr froh darüber.

Wann wir dann endlich am Ziel waren? Ein schlechtes Thema. Ich kann mich nur noch daran erinnern, dass ich auf einem Autobahnparkplatz fast noch mein nöti-ges Nickerchen gehalten hätte, wenn nicht von hinten die vorsichtige Frage gekommen wäre: »Papa, sind wir jetzt da?«

In solchen Situationen schießen mir Fragen in den Sinn, die ganz direkt die menschliche Existenz betreffen: Wohin wollen wir überhaupt? Und warum? Was ist wirklich unser Ziel? Wann sind wir endlich da? Und warum, verflucht noch mal, ist eigentlich noch kein Autohersteller auf die Idee gekommen, einen Kombi zu konstruieren, bei dem der Fahrer durch schallsicheres Glas vom Rest der Familie abgetrennt ist? Es gibt Knautschzonen, Seitenaufprallschutz und beheizbare Außenspiegel – aber keine gut abgeriegelte Quengelzone. Der Mensch, der so was erfindet, hätte den Friedensnobelpreis verdient.

# Kinder alleine bohren!

Aufklärung kann ganz schön mühsam sein. Die lieben Kleinen hören nämlich nur, was sie hören wollen

Der dreijährige V. (Name der Redaktion bekannt) kennt sich schon super aus mit den Frauen. »Die Mama hat eine Scheibe«, erzählt er im Kindergarten herum und kichert dabei. Dort weiß keiner so recht, was daran lustig sein soll, wenn eine Mama eine Scheibe hat. Die meisten Leute haben Scheiben, es sei denn, sie wohnen in Zelten, Höhlen oder in Einzelhaft auf Guantanamo.

Auf V.'s Mama trifft das nicht direkt zu. »Aber Mama, du hast doch eine Scheibe!«, hakt der verunsicherte Junge abends im Bad nach. »Und der Papa hat einen Pullermann, oder?«

Die Mutter hatte versucht, V. zu erklären, wie es kommt, dass er bald eine kleine Schwester kriegt. Dabei ging es irgendwie auch um intensives Schmusen, aber so ganz hat der Dreijährige das mit der Fortpflanzung noch nicht durchschaut – vor allem, was in diesem Zusammenhang Scheiben mit Pullermännern zu tun haben. Es ist ja noch nicht einmal so leicht zu verstehen, warum an einem selbst gewisse Körperteile zwischen den Beinen hängen, bei der Mama aber nicht. Noch komplizierter wird es, wenn Eltern kindgerecht zu erklären versuchen, wie diese Organe mit der Familienplanung zusammenhängen. Früher machten es sich die Erwachsenen leicht mit der Aufklärung. Sie erzählten einfach ein abstruses Märchen von einem Storch, der Babys durch die Gegend fliegt und bei den Eltern abgibt. Die Franzosen machen ihren Kindern weis, dass Jungen aus Kohlköpfen kommen und Mädchen aus Rosenblüten. Und Menschen, die sonst alles unverblümt beim Namen nennen, fangen umständlich bei den Bienchen an, anstatt direkt und einigermaßen ehrlich zu erklären, was Mama und Papa mit ihren Scheiben und Pullermännern so machen.

Was soll man Kindern heutzutage schon vorlügen – im Fernsehen, im Internet und in der Werbung wimmelt es von fortpflanzungswilligen Männchen und Weibchen. Keinem Kind bleibt verborgen, dass es bei den Erwachsenen eine Riesensache geben muss, die noch wichtiger als fernsehen und arbeiten zu sein scheint – Sex. Wenn dann ein Geschwisterchen in Mamas Bauch wächst, stellt sich natürlich die Frage: Wie kommt das da rein?

Man kann das recht drastisch beantworten. Als die kleine C. ihrer Mutter diese Frage stellte, schilderte diese gynäkologisch präzise den biologischen Ablauf der Zeugung. C. sagte darauf nur angewidert: »Dann möchte ich meine Kinder später lieber alleine bohren.«

Die Eltern von C.'s Mutter gingen mit dem Thema auch nicht gerade zimperlich um: Als die Alt-68er noch Jung-68er waren, liefen sie nackt durch die Wohnung und sprachen davon, wie befreiend es ist, wenn Männer und Frauen »bumsen«. Zur Veranschaulichung lagen Holzpuppen herum, die Frau mit Loch zwischen den Beinen, der Mann mit Stöpsel.

Unsere Tochter kam in den Genuss einer weichgezeichneten, halbrealistischen Aufklärungsvariante: »Wenn die Mama und der Papa ganz eng miteinander schmusen, dann schlüpft dabei ein Teil vom Papa in den Bauch der Mama, und daraus entsteht ein Mini-Baby. Das wächst dann im Bauch, bis es geboren wird.« Damit gab sich unsere Tochter erst mal zufrieden und wollte nur wissen, ob wir einen Jungen oder ein Mädchen gemacht haben. Später, nach der Geburt ihres Bruders, war sie dann ein bisschen nachdenklich. Hatten wir die Zweieinhalbjährige überfordert? Hätten wir ihr lieber keinen Softporno, sondern irgendein Wellness-Märchen erzählen sollen? Nein, ihr Anliegen war praktischer Natur. Sie wünschte sich Folgendes: »Könnt ihr das Baby wieder in den Bauch zurücktun und ein Mädchen rausholen?«

# Rettet Karius und Baktus!

Ein merkwürdiger Kultfilm soll Kinder zur Zahnhygiene
erziehen – das kann ja nicht funktionieren!

Nun muss ich eine Filmbesprechung loswerden. Sie
ist seit Jahrzehnten überfällig. Es handelt sich um
einen Film, der ähnlich erfolgreich ist wie »Casablan-
ca« oder die »Rocky Horror Picture Show«. Er läuft seit
1968, unterbrochen nur von den Schulferien, täglich vor
wechselndem Publikum. Millionen Menschen haben ihn
gesehen, ob sie wollten oder nicht.

Das Werk heißt »Karius und Baktus« und hätte längst
einen Ehrenplatz unter Filmklassikern, würde er nicht in
der Schule, sondern im Kino laufen. Allerdings ist er nur
13 Minuten lang und wartet weder mit Dolby-Surround-
Sound noch mit digital hergestellten Dinosauriern oder
ähnlichem Schnickschnack auf.

Die Hauptdarsteller sind zwei
schlampig gekleidete, wild frisierte
Kobolde namens Karius und Baktus,
die wie Pumuckls Verwandte aussehen.
Sie wohnen im Mund eines Jungen, wo

sie es sich in einem Zahnloch gemütlich gemacht haben. Ihr Häuschen hat eine Tür, ein Fenster, einen Balkon. Die Wichte sind keine Sozialschmarotzer, sie arbeiten hart, um ihr Leben in der unwirtlichen Mundhöhle bestreiten zu können. Sie hämmern, hacken und bohren sich immer weiter in den Zahn vor.

Nach getaner Arbeit gönnen sich die beiden Freunde gern mal einen Butterkuchen oder ein Stück Schokolade. Kurz, sie sind fleißig und haben danach auch mal ihren Spaß.

Bis eines Tages ein Zahnarzt die Mundhöhle luxussaniert und die rothaarigen Hippies aus ihrem Häuschen wirft.

Eine Zahnbürste schrubbt die armen Helden aus ihren Löchern, sie werden schreiend durch den gurgelnden Abfluss bis ins Meer gespült. An dieser Stelle ist der Film aus. Damals, zu meiner Schulzeit, saß ich verdutzt vor der Leinwand, der Projektor ratterte, das Ende der Filmspule flappte gegen die Rolle, und ich fragte mich, wer der Böse in dieser Geschichte ist. Der Zahnarzt? Karius? Baktus? Der faule Junge, der sich nicht die Zähne putzt?

Die gleiche Frage stellte meine Tochter, als sie aus der Schule kam und »Karius und Baktus« angeschaut hatte, und die gleiche Frage stellte ein paar Jahre später auch mein Sohn.

»Die haben mir irgendwie leidgetan«, meinte er. Und die Schlussfolgerung des Schulzahnarztes, dass man sich ordentlich die Zähne putzen müsse, um Karius und Baktus zu vertreiben, leuchtete ihm überhaupt nicht ein.

Was ich verstehe. Ich finde Karius und Baktus auch sympathischer als den Zahnarzt. Die Hauptdarsteller erscheinen einem als kleine, ehrliche Ganoven, immer auf der Flucht vor den fiesen Kampfmaschinen der Zahnhygiene. Als Kind ist man sowieso auf der Seite der Kleineren, Schwächeren, und dann kichern Karius und Baktus auch noch so nett.

Der Zahnarzt verkörpert dagegen nicht die Rettung, sondern das Grauen.

Soll man diesen Film also unkommentiert stehen lassen? Mit einem so widersinnigen Drehbuch hätte kein Kinofilm je eine Chance auf Erfolg. Wenn die beiden Zahn-Kobolde als bösartige Monster aufträten (»Brutalus und Brachialus«) oder als nervige Deppen (»Beklopptus und Beknacktus«), gäbe es wenigstens einen Anlass, sie loswerden zu wollen. So bleibt beim Publikum nur Mitleid und Verwirrung zurück.

Ich prangere das hiermit ausdrücklich an. Und fordere die deutsche Filmindustrie auf, endlich »Karius und Baktus 2« zu drehen. Das musste jetzt einfach mal gesagt werden.

# Einmal schneiden. Bitte!

Manche Kinder fürchten sich vor dem Friseur. Das ist
in Ordnung – so lange man noch erkennt, wo bei den
Kleinen vorne und hinten ist

Neulich in unserer Wohnung wuselte mir frühmor-
gens ein wuscheliges Wesen vor die Füße, das in
erster Linie klein und haarig war. Ich war müde, hatte
meine Brille nicht auf und erkannte nicht sofort, um was
es sich handelt. Bruno, unseren Hund? Einen Mähnen-
wolf? Ein Wieselmaki (langhaarige Feuchtnasenaffenart)?
Das Wesen umarmte mich und sagte: »Guten Morgen,
Papa!« Es war mein Sohn.

Seine Haare wachsen schneller als der Rest seines
Körpers. Ich habe mich informiert, dass so etwas normal
ist – Haare werden pro Jahr 15 Zentimeter länger, was
man vom restlichen Menschen nicht unbedingt erwarten
sollte. Wenn Jakob nicht bald zum Friseur geht, wird er
aussehen wie Alf, das Zausel-Monster aus dem All. Schon
bald werden wir nicht mehr wissen, wo vorne und wo
hinten ist bei dem Kind. Aber der Junge weigert sich ent-
schieden, zum Friseur zu gehen.

Schon das Bürsten von Babyhaar mit schmuseweichen Kuschelbürsten kann zu einem Kleinkrieg ausarten. Eltern, die auch nur versuchen, platt gelegene, verfilzte Haare zu entwirren, sehen sich früh massiver Gegenwehr ausgesetzt. Mit Druck geht da nichts, und manchmal ist es besser, einfach aufzugeben und den Kamm noch mal zu zücken, wenn das Kind schläft. Ganz neue Frisuren sind so über Nacht entstanden, denn nicht mehr kämmbare Frisurregionen und allzu lange Fingernägel haben wir früher grundsätzlich heimlich in Nacht- und Nebelaktionen entfernt.

Waren es diese frühkindlichen, traumatischen Erfahrungen, die zu der Figaro-Phobie unseres Sohnes geführt haben? Hat er im Unterbewusstsein gespeichert, dass jemand heimlich an seinen Haaren rumgefummelt hat? Die panische Angst vor dem Haare- und Fingernägelschneiden entstehe meistens unbewusst, erläutern die italienischen Psychologen Evi Crotti und Alberto Magni in ihrem Werk »Die verborgenen Ängste der Kinder«. Bei der Angst vorm Hair-Stylisten handele es sich um eine »atavistische Angst; da Haare männliche

Kraft symbolisieren, entsteht sie bei kleinen Kindern völlig unbewusst«.

Das scheint arg an den Haaren herbeigezogen, aber fest steht, dass kleine Kinder ihre Haare und Fingernägel oft als eigene, höchst lebendige Körperteile empfinden. Und wer will schon, dass an seinen Körperteilen einfach so herumgeschnibbelt wird?

Zudem ist Wachstum für Kinder ja tendenziell etwas Begrüßenswertes. Würde man die Beine oder die Arme mit einer Schere absägen, nur weil sie schon wieder gewachsen sind? Dazu kommt noch, dass Kinder gelernt haben, Scheren seien ganz, ganz gefährliche Dinger, mit denen man sich schlimm verletzen kann, was die Sache nicht leichter macht.

Pädagogik-Ratgeber schlagen für haarige Fälle vor: den Friseur nach Hause kommen lassen, ein Bilderbuch während des Haareschneidens anschauen, das Kind vorher eine Puppe frisieren lassen. Hat alles nichts genützt. Meine Haltung ist mittlerweile die: lässig bleiben, sich zum Hippietum bekennen und wie im Film »Hair« das Haupthaar im Wind flattern lassen. Und dazu Helge Schneiders Hit »Schüttel dein Haar, Baby!« singen.

# Wo die wilden Kerle wohnen

**Toben ist toll für die kindliche Entwicklung.
Aber nicht für Papas Nerven und die Wohnung.
Gibt es einen Ausweg?**

Es pfeift in meinen Ohren. Der Boden unter meinen Füßen scheint zu zittern. Oder sind es meine Knie? Alles dreht sich um mich herum. Blitze zucken. Koboldartige Gestalten huschen vorbei. Werde ich langsam vollkommen wahnsinnig?

Noch nicht. Aber ich lebe mit Kindern zusammen. Das heftige Pfeifen in meinen Ohren: kein Hörsturz, sondern mein Sohn, der es lustig findet, mich mit seiner Trillerpfeife zu terrorisieren. Der zitternde Boden: meine Tochter, die im Flur Weitsprung übt. Die zuckenden Blitze: Flummis, Luftballons, Legosteine und andere Gegenstände, mit denen sich die beiden bewerfen.

Was sich um mich herum dreht, ist das bunte Treiben

an einem ganz gewöhnlichen verregneten Samstagnachmittag. Erwachsene tendieren an solchen Tagen zu eher bewegungsarmen Aktivitäten wie Lesen, Lümmeln und Liebkosen. Sie würden dazu nicht nur tendieren, sondern sie auch praktizieren, wenn dagegen nicht die Lebensumstände sprächen. Auf einem Piratenschiff, das früher mal ein Sofa war und gerade von feindlichen Kanonenkugeln angegriffen wird, kann man eben schlecht entspannen. Immer öfter sitze ich völlig verwirrt in diesem Boot und frage mich, ob ich nervlich überhaupt in der Lage bin, im tosenden Meer den Kapitän zu spielen.

Schaffe ich es, all die Raubtiere, Ritter, Monster und Räuber zu bändigen? Habe ich in den Räumen, die abwechselnd als Dschungel, Burg, Monsterreich, Wald, Turnhalle oder Klettergarten dienen, noch die Orientierung? Bleibt mir als eher ruhigem, friedliebendem Typ vielleicht ein Nischendasein in diesem Chaos? Oder bin ich mit Mitte dreißig schon zu alt, zu unflexibel und zu langsam für das Treiben von Turbo-Tobern? Psychologen und Ärzte haben in schalldichten, klimatisierten Räumen lange nachgedacht, und sinngemäß kam Folgendes dabei heraus: »Toben ist toll.«

Es stimmt ja, dass Bewegungsmangel eine Zivilisationskrankheit ist. Faulenzen hat ernsthafte Folgen für die körperliche, geistige, emotionale und soziale Entwicklung. Kinder, die nur vor der Glotze oder dem Computer hocken, drohen nicht nur zu verfetten, sondern auch zu verblöden. Das merke ich zunehmend an mir selbst. Ich nehme zu und kapiere immer weniger. Weil ich berufsbedingt dauernd auf einen Bildschirm starre, anstatt pädagogisch wertvolle Dinge zu tun wie Hüpfen oder Herumbrüllen. Wahrscheinlich bin ich deshalb auch so verspannt und ...

Kleinen Moment, bitte! Mein Sohn hat mir gerade einen Baseballschläger über den Kopf gezogen. Zum Glück nur einen zum Aufblasen. Aber trotzdem: mich so zu erschrecken. Na warte!

So, entschuldigen Sie bitte die kurze Unterbrechung. Ich musste den Frechdachs durch die Wohnung jagen, ihn kräftig durchkitzeln und mich anschließend, während wir einen Friedenskeks knabberten, bei ihm bedanken. »Warum danke?«, fragte er total verwirrt. Weil er mir erstens den Schluss für diesen Text geliefert hat. Und weil er zweitens ganz praktisch demonstriert hat, was das Toben bringt: Entspannung, Aufmunterung, Frustabbau. Dem Tobe-Terror kann man ganz leicht entkommen, indem man kurz mitspielt. Toben hält jung und schön. Die Wohnung weniger als die Seele.

# Hightech im Kinderzimmer

Babys, bei denen es piept, sind nicht verrückt –
sondern hochmodern ausgerüstet

Brabra. Bubublah. Örröh! Wenn das Baby brabbelt, blicken Eltern oft fragend ins Bettchen. Hat es Hunger, eine volle Windel oder Sehnsucht nach Mamas Arm? Ein Rätsel. Doch die wohl geheimnisvollste Sprache der Menschheit könnte dank moderner Technologie bald entschlüsselt werden: Forscher der Universität Nagasaki tüfteln an einem Gerät, das die unverständlichen Äußerungen der Säuglinge in Worte fassen soll. Der Babyversteh-Apparat funktioniert über ein hoch kompliziertes Gesichtserkennungssystem, mit dem die japanischen Wissenschaftler den Abstand zwischen Augenbrauen und Nasenspitze des Babys beobachten. Außerdem messen sie seine Körpertemperatur. Auch die Frequenz der Schreie erlaubt Rückschlüsse auf mögliche Bedürfnisse.

Das Kleinkindzimmer wird mehr und mehr zum Hightech-Labor. Um das Babybett herum sieht es oft aus wie im Media Markt: überall digitale Displays, Sender und Netzteile. Unabdingbar gerade für Neugeborene: das Bauernhof-Tier-Mobile mit Fernsteuerung. Auch der CD-Player mit Mikrofonfunktion, mit dem das Kind laut Hersteller »seine eigene Stimme verstärken kann«, dürfte in jedem Haushalt mit kleinen Schreihälsen für Begeisterung sorgen.

Sogar einen Baby-Bewegungsmelder gibt es: Er piept, sobald sich das Kind dreht. Noch ausgefeiltere Überwachungssysteme verfügen über schwenkbare, fernsteuerbare Farbkameras, kabellose Übertragungsmöglichkeiten und Langzeitaufzeichnung.

Wie sich die Zeiten ändern: In unserem Auto, einem R4, gab es keine Kindersitze, keine Gurte und kein Radio. Unser »Rearseat-Entertainment-Center« hieß Mama. Sie konnte zwar keine DVDs abspielen, dafür aber schön singen und Geschichten erzählen. Heutzutage sind technische Spielereien schon kurz nach der Geburt gefragt. Ob ein ferngesteuertes Mobile sein muss, sei dahingestellt (oder besser dahingehängt), aber manch ein Produkt könnte zur echten Hilfe im Alltag werden. Der praktische Wischtuch-Wärmer z. B. sorgt dafür, dass Feuchttücher nicht kalt sind – was für die Babys angenehmer ist und für die Eltern im Endeffekt auch, weil kalte Tücher einen spontanen Pieselangriff auslösen können.

Selbst die Neutralisierung von Windelgestank rückt in greifbare Nähe. Das Krefelder Textilforschungsinstitut hat nasenfreundliche Stoffe entwickelt, die Gerüche aller Art aufnehmen oder abgeben können. Ob duftender Teddybär oder Geruch schluckende Socken – das Bauprinzip der nasenfreundlichen Textilien ist immer dasselbe: Mikroskopisch kleine Behälter aus ringförmigen Zuckermolekülen – sogenannten Cyclodextrinen – werden an die Textilfasern geheftet. Eine der dramatischsten Erfahrungen meiner Kindheit wäre vermeidbar gewesen, wenn die Wissenschaft damals schon so weit gewesen wäre. Mein geliebter Teddybär wurde mal gemeinsam mit mir krank und bekam vom Magen-Darm-Virus einiges ab. Er musste in die Waschmaschine – und kam als Fremder zurück: grau, mit plattem Fell und dem Geruch nasser Wollsocken. Ist das die schöne neue Babywelt? Oder führt die teure Technik eher zur Entfremdung von Mutter und Natur?

Man kann es auch so sehen: Das Gepiepe und Geblinke rund um den Säugling ist Medienerziehung im Frühstadium. So werden die Kinder rechtzeitig darauf vorbereitet, dass sie später garantiert mit dem Gameboy im Bett sitzen.

# Geld spielt keine Rolle!

## Hauptsache, man hat es – und ist damit genauso erfolglos wie Donald Duck

Es gibt zwei Typen von Menschen: Die einen lieben es, wie ein Seehund in einem Haufen von Geld zu baden, wie ein Maulwurf darin herumzuwühlen. Die anderen geben alles Geld, was sie haben, sofort für unsinniges Zeugs aus. Die einen sind die Dagoberts dieser Welt, die anderen die Donalds.

Für eine Familie ist es günstig, wenn Dagoberts und Donalds gemischt sind, dann können die einen von den anderen ein bisschen was lernen, und die Dagoberts können den Donalds ein bisschen was leihen. Schlecht ist es, wenn in einer Familie alle eher Donald-Typen sind. So ist das bei uns. Allen Familienmitgliedern ist Geld relativ egal, Hauptsache, man hat es. Zum Problem wird das erst, wenn das Geld weg ist.

Zum Beispiel neulich im Urlaub

in Italien: Morgens war mein Geldbeutel prall gefüllt mit frisch gezapften Euro-Scheinen. Dann sind wir ein paar Stunden durch die Stadt gelaufen, haben hier ein Eis geholt, da eine Pizza bestellt und zwischendurch auch mal einen Kaffee getrunken. Ruck, zuck war die Kohle weg. Erstaunt drehte ich das Portemonnaie um, schüttelte es, wrang es aus wie einen feuchten Lappen, würgte und bedrohte es, um noch etwas Geld aus ihm herauszupressen. Aber es kam nichts mehr. Alle-alle. Finito. Feierabend.

Mein Sohn bemerkte meinen erschütterten Gesichtsausdruck und versuchte mich zu trösten. »Macht nix, Papa«, meinte er, »du musst nicht traurig sein, dann laden wir halt einfach neues Geld runter.« Kohle downloaden, so läuft das aus seiner Sicht: Wenn die Scheine alle sind, sucht man einen Automaten, in den man diese bunte Plastikkarte stecken kann. Dann tippt man ein paar Zahlen ein, es macht im Inneren des Apparates raschelraschelraschel, und – flupp! – spuckt der Kasten neue Scheine aus. Meist funktioniert das ja auch. Mein Problem ist nur, dass die Zauberkarte begrenzte magische Fähigkeiten hat. Je mehr ich arbeite, desto größer die Zauberkraft. Und je mehr Geld ich aus dem Apparat ziehe, desto weniger gibt er mir anschließend. Das verstehe ich selbst nicht ganz, wie soll es dann mein Sohn verstehen?

Es ist nicht so, dass unsere Kinder überhaupt kein Verhältnis zu Geld hätten. Es ist nur sehr unkompliziert. Eine Familie funktioniert finanziell ganz einfach, zumindest aus Sicht meines Sohnes. Kinder müssen kein Geld verdienen, weil sie zu klein sind zum Arbeiten. Eltern dagegen müssen hauptberuflich den Nachschub an Nutellabroten, Schoko-Müsli und Comics sichern.

Und wenn der Geldbeutel leer ist? »Dann gehst du zur Sparkasse und kaufst neues Geld!«, schlagen meine fröhlichen Finanzberater vor. Klingt einleuchtend, funktioniert aber auf Dauer nicht so gut. Denn leider ist die Sparkasse keine Spaßkasse und besteht darauf, dass ich das Konto immer wieder auffülle. Diese Spießer! Außerdem muss ich dauernd für alle möglichen Sachen bezahlen, von denen ich nicht mal ansatzweise eine Ahnung habe.

Manchmal träume ich davon, wie ein Seehund in Talern zu baden und wie ein Maulwurf darin herumzuwühlen, aber in Wirklichkeit will ich nicht sein wie die reichste Ente der Welt. Ich gehöre zu den Donald Ducks, den ewigen Verlierern. Die Dagoberts sind zwar reicher, aber hat irgendjemand schon mal davon gehört, dass sie Kinder haben? Eben. Ist ihnen vermutlich zu teuer.

# Der Postbote vom lieben Gott

### Wie stehen eigentlich Weihnachtsmann, Christkind, Heiliger Geist und Gottvater zueinander? Kindertheologie ist eine Wissenschaft für sich

Es soll Menschen geben, die halten das »Große fliegende Spaghettimonster« für das höchste Wesen im Universum. Warum auch nicht? In diesem Land herrscht weitgehend Glaubensfreiheit. Manche glauben an Manitu, andere an Krishna oder an Ronald McDonald.

Je näher Weihnachten rückt, desto eindeutiger wird dieses Gefühl: Es muss da jemanden geben. Jemanden, der in unsere Herzen schaut und weiß, dass wir von einem Playmobil-Piratenschiff träumen oder von einer Puppe, die Pipi macht. Wie sonst wäre es zu erklären, dass unter dem Weihnachtsbaum genau jene Sachen liegen, die wir uns wünschen?

Dass es ein höchstes Wesen gibt, ist also unstrittig. Unterschiedliche Meinungen herrschen darüber, wie es aussieht, wie es heißt, wo es wohnt und wie seine Telefonnummer lautet. In manchen Häusern kommt der

Weihnachtsmann durch den Schornstein, in Gebäuden mit Zentralheizung durch das Fenster. Für unsere Kinder kam das Christkind jahrelang durch die Terrassentür ins Wohnzimmer, während der Opa ihnen die Weihnachtsgeschichte vorlas – wie durch Zufall stets in einem anderen Raum als dem mit der Terrassentür. Das Christkind probierte ein paar Plätzchen, legte die Geschenke ab und bimmelte mit einem Glöckchen. Die Mutter der Kinder, die während der Ankunft des Christkindes gerade den Baum festlich illuminierte, war seltsamerweise nie in der Lage, den hohen Besuch zu sehen.

Diese einschneidenden Erlebnisse prägten folgendes Gottesbild bei unseren Kindern: Das höchste Wesen ist durchsichtig, stumm, hungrig und leicht wie eine Taube. Bis die Kinder fünf oder sechs waren, blieb dieser schöne Glaube erhalten. Gespräche mit Schulfreunden und Religionslehrern führten aber bald zu ersten Zweifeln. Die beiden stellten viele Fragen, die meisten waren nicht einfach zu beantworten. »Hat Gott alles gemacht?« »Wo kauft er die Geschenke?« »Ist das Christkind der Postbote vom lieben Gott?«

Manche Antworten auf solche theologischen Probleme geben sich Kinder selbst. Die Frage nach der Unsichtbarkeit beantwortete ein sechsjähriges Mädchen mal so: »Gott schaut blau aus. Sonst könnten wir ihn ja sehen im Himmel.« Manche malen ihn sich aus wie eine Mischung aus Nikolaus und Neandertaler, mit Rauschebart, primitivem Umhang und langen Haaren. Andere glauben, er sehe ungefähr aus wie Harry Potter, nur irgendwie reifer.

Meine Mutter formulierte es damals so: »Gott ist in uns allen, und wenn ein Mensch stirbt, lebt er in uns weiter.« Das war für mich als Kind eine ebenso tröstliche wie gruselige Vorstellung. Wohnt mein Opa in meinem Körper? Wenn ja, ist es ihm nicht viel zu eng da drin, er war doch viel dicker als ich? Schön fand ich dagegen, dass ich ein nicht ganz so schlechtes Gewissen haben musste, wenn ich eine Tafel Schokolade aus der Speisekammer klaute – weil der Opa auch ein Stück abbekam. Ich lasse den Kindern gerne auch ihren jeweiligen Glauben – ob sie das Christkind, Robbie Williams oder das »Große fliegende Spaghettimonster« für das höchste Wesen halten, ist ihre Sache. Hauptsache, sie glauben an etwas Gutes.

# ELTERN
## Das große Buch der Freundschaftsgeschichten

96 Seiten, farbig illustriert, ISBN 978-3-570-13443-6

Manchmal braucht man nichts dringender, als einen guten
Freund. Ein Glück, wer Freunde hat wie Christopher Robin, Pünktchen
und Anton oder Rüdiger, den kleinen Vampir. Denn dann ist
das Leben gleich ein kleines bisschen leichter, in jedem Fall aber
um vieles schöner.
Von den besten Freunden auf der ganzen Welt erzählen in dieser
Anthologie viele bekannte und beliebte Autoren wie Astrid Lindgren,
Rafik Schami, Kirsten Boie, Katja Reider, Angela Sommer-Bodenburg
und viele andere.

www.cbj-verlag.de